U0136339

Ho Haiyan!
跟著原住民瘋慶典

文／馬繼康　圖／蔣依芳

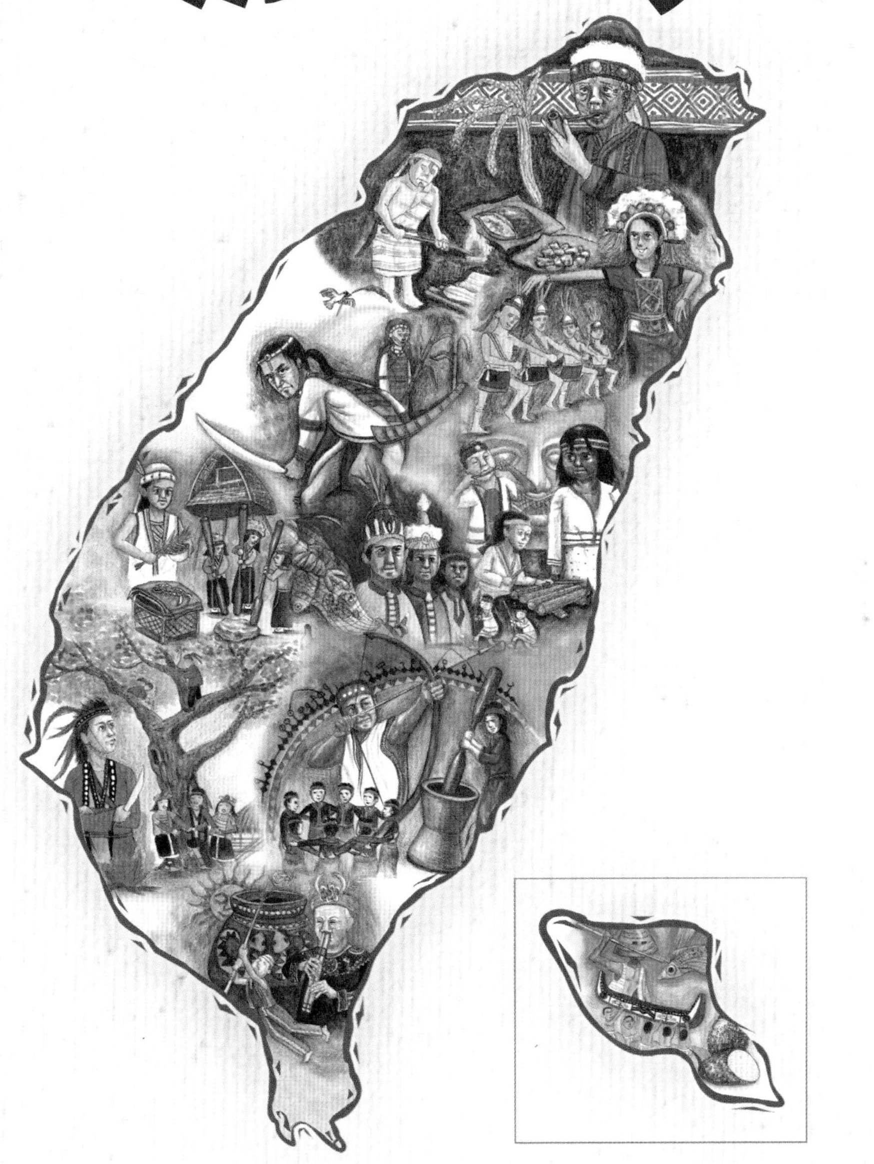

目次

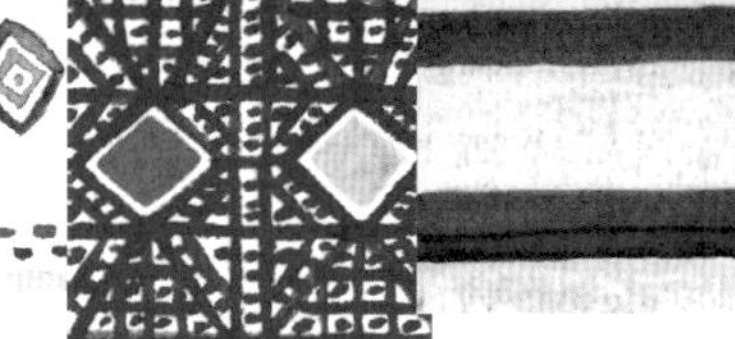

作者序

摘掉文明濾色鏡，才能看見那道彩虹橋

馬繼康

跟原住民的淵源從大學時期就開始了。那時隨山地服務社，暑假到山上「服務」，課輔時告訴小朋友過馬路要看紅綠燈，換來的是一雙雙疑惑的圓圓大眼睛問你說：「大哥哥！什麼是紅綠燈啊？」

是啊！山上要什麼紅綠燈？真是當頭棒喝！我們常會把許多的理所當然，無心或有心套用在不同人身上，最近火紅的電影《賽德克・巴萊》，描述的不就是太多「文明」強加在「野蠻」身上所引發的衝突嗎？現代文明像一雙看不見的手，慢慢掐住原住民的喉嚨，傳統像是失去了呼吸能力，慢慢在窒息中。

很多人認為的原住民形象，只是自己從媒體片段報導中拼湊出來的，而媒體只擷取歡樂、熱鬧的畫面，長久以往我們也以為祭典就是如此，參加或欣賞的是「自己認為」的祭典，而不是尊重原住民朋友本身的祭典。我曾經聽到參加阿美族豐年祭的人們說：「好無聊喔！怎麼都沒有小米酒喝？也沒有舞可以跳？」更為甚者，連接觸都沒有，卻有了如磐石般不會改變的印象。

別只說原住民，台灣有四大族群，對族群融合與了解的口號也耳熟能詳，但長久以來，彼此之間還是有很多的偏見與誤解，尤其目前已經有十四族的原住民，在以漢人為

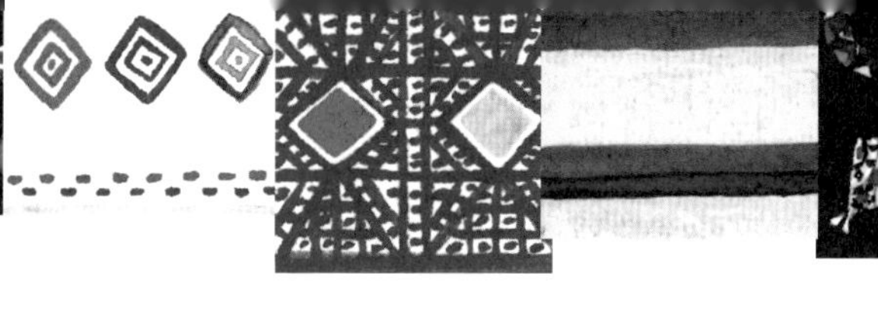

主的思考模式中，常常帶著隨性懶散、愛喝酒等等的刻板負面印象。如果從這樣的框框中，我們又能得到怎樣的原住民觀察？放大視野來看，當我們在強調國際化地球村的角色時，又是怎麼看待世界其他的眾多族群呢？

文化深度旅遊已在世界蔚為潮流。但文化是什麼？說穿了就是平時的日常生活，許多人自詡喜愛文化旅遊，但面臨真正的文化衝擊時，卻依舊按照自我習慣模式武斷評價。這本以介紹慶典為主的書，除了希望帶大家進一步了解慶典的意涵，更希望進到部落，接觸慶典時，千萬不要帶著先入為主的觀念，或是應該如何的想法，想要瘋慶典別無他法，敞開心胸，拋開成見去體驗就對了。

當然在以前是泛靈信仰，敬天畏地的原住民祭儀慶典多如牛毛，試圖從中挑出最具有代表性的，作為大家在第一次接觸時的參考，相信應該會有很大的幫助，而非看熱鬧而已，也能懂得一點點的門道。

這本書的誕生，我要感謝那些曾經給我生命許多啟發的原住民朋友。

對了！關於書名的Ho Haiyan是虛詞無義，常在原住民的歌曲中出現，就像我們唱歌時會啦啦啦、啊啊啊的意思一樣，表現出歡樂的氣氛，人生嘛！有的時候向原住民學習，Ho Haiyan一下，不見得凡事都要講求意義或效率，這樣玩起來更瘋啊！你說對不對啊？

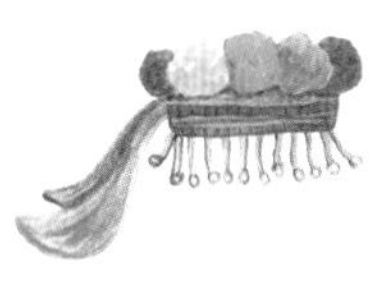

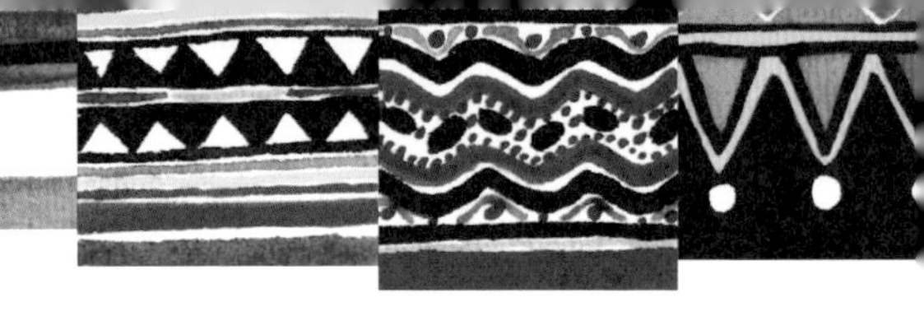

作者序

彩繪與文字的美麗邂逅，讓我們攜手擁抱原民文化

蔣依芳

一直以來，對於原住民文化有著特殊的情感，除了喜歡他們樂觀熱情的天性，欣賞他們豐富豔麗的文化藝術外，更想進一步了解他們的傳統民俗。當我受馬繼康老師之邀請，希望共同編繪一本關於原住民慶典的圖書，毅然決然地答應這難得的機會！

在創作的過程中，一面認識各族的社會制度、生產活動、社會生活、文化藝術、信仰祭儀、風俗習慣、神話傳說等，也一面享受豐富的彩繪樂趣。本書真實的記錄了台灣十四個原住民族的祭典與文化，例如阿美族的豐年祭、賽夏族的矮靈祭與獨特的臀鈴樂器、布農族震撼人心的八部合音、泰雅族跟太魯閣族與賽德克族的紋面文化、達悟族的大船祭或是排灣族跟魯凱族的百步蛇圖騰，以及邵族那觸動心靈的杵音……書中還有很多原住民的文化與智慧，讀者均可以在本書當中發現與看見。

但願閱讀此書的讀者，能夠藉由插圖的意境，進而引發對各族的豐富想像。

最後感謝各位讀者對此書的支持，也一同愛上台灣的原住民文化。

鄒族

瑪雅斯比祭（戰祭）

為祢進行的祭典已經結束
為祢唱的歌也已經唱完
請祢回到天上
我們會繼續唱祢喜歡的歌
希望祢給予我們力量——

送神曲

大家耳熟能詳的歌曲〈高山青〉歌詞中是這麼寫的：「阿里山的姑娘美如水呀，阿里山的少年壯如山。」這描寫的不是別人，正是發源於玉山，而現今在阿里山地區生活的鄒族。

雖然嘉義縣的阿里山是現今鄒族分布的大本營，但鄒族還有南北之分，分布在阿里山鄉的是北鄒，北鄒原本有四社，但伊姆茲與魯夫都兩社因為早期漢人侵墾加上日人理蕃，早已廢社，目前僅存達邦、特富野兩社。在鄒族的神話裡，嘉義平原的形成被認為是天神在找尋族人生活空間時所踏平的足跡。而南鄒在高雄市那瑪夏區與桃源區，文化語言與北鄒差異非常大。目前鄒族總人口約六千人左右。

以獵物的皮為衣飾是鄒族的特色，而且鄒族人鞣皮的技術十分高超。在鄒族的成年禮中，由長老為成年的男子戴上皮帽就是代表長大成人，這頂用山羌或是鹿皮做成的帽子重量不重，但戴上之後就代表著肩上擔負的責任與意義非常重大，當然隨之而來的是在部落中將受到重視與尊敬。盛裝的皮帽通常會綁上帝雉、藍腹鷴或是猛禽尾羽，代表自己是個優秀的獵人，同時因為皮帽上的特殊裝飾，同族的人老遠就可以確定是同胞，也是一種族群認可的標記。不過現在因為法律禁獵的限制，會製作皮帽的人也逐漸凋零中。

在鄒族的觀念裡，擁有會所、能夠舉行全部落性祭儀的社群，才有資格稱為大社，也才是一個完整的政治實體。而大社是由幾個氏族聯合組成，氏族又是由幾個聯合家族組成。鄒族的傳統不管有沒有血緣關係，同一氏族裡是禁止通婚的。

祭典的由來與相關傳說

Mayasvi祭典要翻譯到信、達、雅的境界真不容易，祭典的意義在於勉勵族人要以自己的精神與生命來祈求戰神降臨協助、保護整個部落，使整個部落的人心能夠凝聚在一起，這很像日本的武士道精神。

Mayasvi是鄒族一年一度的儀式，原由達邦、特富野輪流舉行，這幾年經過長老開會討論後，決定每年各自舉辦。以往舉行的時間並不固定，甚至一年可以舉行好幾次。像是勇士獵首凱旋歸來而舉辦的稱為「敵首祭」；或是男子集會所需要重建或修葺，完成後也會舉行儀式，稱為「會所修建祭」，還有人不明就裡，直接就叫豐年祭。今日部落文化流失，傳統生活不再，因此族人稱為「戰祭」，不僅維繫敬天畏神的態度，更象徵自己與部落延續的挑戰。

戰祭的祭歌中，最特殊的是迎神曲與送神曲，相傳這二支曲子是戰神親自教導族人而流傳下來的，歌詞也從未變過，族人也許不見得知道這些古語歌詞真正的意思，但他們認為戰神所創的歌詞自然有它的詞意，所以族人當然也不敢輕易改變歌詞。演唱時由參與征戰的成年男子擔綱主唱，而且平常不能隨便吟唱，就算要練習也要由長老帶領並面向天空說：「我們要練唱，願戰神了解。」才敢低聲吟唱。

由於生活在深山，阿里山區又是巨木參天，因此也造就出木神的神木觀，認為神靈都附著在巨木上。除了把阿里山的神木當作木神外，鄒族也崇拜茄苳樹，而赤榕更是與祭儀脫離不了緊密關係。

祭典過程與禁忌

貫穿戰祭的最主要儀式就是迎神與送神，若是迎不到戰神，那麼所有的儀式就都沒有任何意義了。整個儀式可以分為四個部分，包括預備活動、正典活動、歌舞祭及結束祭。全部儀式歷時三天兩夜，最後一天吟唱「送神曲」代表所有儀式圓滿結束。

預備活動是提醒族人戰祭來臨的序曲，在戰祭開始前要將男子集會所重新整理或修繕，因為所有的活動都是在集會所展開的，而在迎神後戰神也會進入集會所中，所以集會所的乾淨整潔格外重要。婦女也會準備祭品，而男子則是將通往獵場的道路周遭打理乾淨，代表征獵能夠順利。

重頭戲是正典活動。穿著勇士裝、戴上皮帽、配戴木斛蘭（神花）的男子們，在祭典開始時把代表源源不絕的生命之火移至廣場點燃。此時一旁會宰殺豬隻，勇士們將佩刀沾上豬血，並劈砍集會所旁的赤榕樹，表示去除罪孽與邪惡，然後舉刀呼嘯向戰神報告祭典已經準備就緒。豬血與豬肉不僅可獻祭戰神，也能用來引誘敵靈。

接著眾人吟唱迎神曲準備正式迎接戰神與司命神來到，手牽手代表同心，而身軀上下搖擺代表恭迎，族人們就這樣一路迎接戰神上集會所。各氏族會將米酒、糯米糕等祭品拿到會所混合在一起分食，象徵戰神賜與力量，也代表各氏族的團結。

當勇士們再度回到廣場時，就準備恭送戰神升天，他們逆時針走唱送神曲，在唱歌時，由兩名婦女手持象徵氏族之火的火把，與場中聖火合而為一後，之前無法參加儀式的婦女就可以加入舞隊了，這也表示征戰的力量因有婦女的協助而變得更強大。在連續兩晚的祭典儀式中，族人們以歌舞讚頌戰神與先祖英勇的歷史，也在歌曲中學習部落的倫理智慧，戰祭的所有儀式直到結束祭的廣場火堆熄滅後才算真正結束。

族人在戰祭舉行的任何祭儀過程中都忌吃蔥、蒜、魚類，雖然我們並非祭典人員，但也要入境隨俗以表示尊重。而集會所非經允許，所有閒雜人等都不能入內。戰祭與其他的原住民祭典不同的是，所有的人都必須坐在定位，嚴禁在儀式中隨意走動，如果想要取得拍照的好角度，那麼提早進場是必要的。

看門道

戰祭的重心在男子集會所，這個以粗大原木立柱、屋頂鋪設茅草，部落中最大最醒目的杆欄式建築，鄒族人稱它為庫巴（Kuba）。它是鄒族人心中莊嚴不可侵犯的居所，不僅是族人的政治、信仰中心，也是男子訓練與教育的場所、部落守衛中心、部落永續象徵、部落活動中心、解決紛爭的場所、戰爭

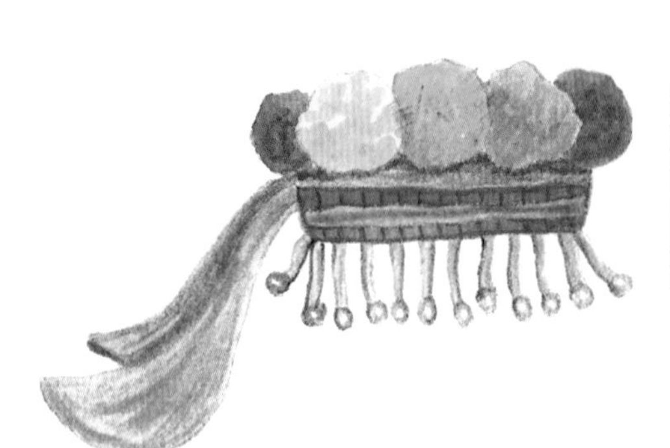

鄒族女生頭飾

與出草指揮所等多項用途。以前連族人居住的房舍也聚集在男子集會所周圍，民居大門都是朝向它，就像是歐洲地區常見的位居城鎮中心的大教堂。

族裡耆老說在從前如果敵人攻到部落，全族的人都要躲在庫巴下，若是勇士全部犧牲，那麼族人就要有準備與庫巴共存亡的醒悟與決心。庫巴前的廣場更是鄒族舉行戰祭的各個重要祭典的地方，而庫巴中央的火爐是永遠不能熄滅的，因為族人相信火是天神所賜，也代表族人的生命。

每棟庫巴旁都會種有赤榕樹，赤榕樹被族人視為神樹。傳說赤榕樹是戰神降臨會所的天梯，因此儀式中必須拿刀砍除樹枝以清出戰神之路，所以原本枝葉茂盛的樹蔭會瞬間像是被理了光頭一樣，但是最後要留下三根樹枝，分別朝向頭目家、石氏氏族家以及會所，這代表部落生命的維繫。但還好砍除樹枝並不會讓赤榕死掉，這種樹木生命力十分旺盛，在開花之後

鄒族勇士帽

枝葉依舊能繁茂生長。我想鄒族人選擇這種樹做為神樹，不但象徵自己的族群不屈不撓，更有隱含生命更迭的意味在裡面吧！

鄒族有神樹也有神花，鄒族的神花是木斛蘭，它是一種著生於老樹幹上的野生蘭花。庫巴的屋頂與正門兩側皆會種植神花，因為族人相信木斛蘭是戰神插在帽冠上的配飾，種上了木斛蘭，戰神就能找到庫巴，當然也就可以為族人帶來庇佑，所以勇士們的帽冠上同樣插有這些神花。若是遇到要重修庫巴時，神花就會被小心翼翼地移到神樹下，待庫巴翻修完成後，再慎重地將神花歸位。說是想像也好，傳說也罷，鄒族人崇敬天地之心不曾動搖，這也許是我們現代人所缺少的部分。

鄒族山刀

鄒族全年慶典

時間	名稱
每年1月	播種祭
達邦、特富野個別舉行，時間大約在2月或8月	戰祭
每年7、8月	小米收穫祭
每年10月	生命豆祭（非傳統祭典，但能見到傳統婚禮）

賽德克族

小米播種祭

我來撒種穀物，
讓播下的粟穀如同白石，又大又圓；
如同青竹粗壯，節節向上；
如同松枝，結穗茂密；
如同松香，又甜又香。
祖先啊！
粟穀要堆滿倉，撐破倉頂，壓塌倉板。——播種祭祈禱文

在西元二〇〇八年才成為台灣第十四個官方承認的原住民族——賽德克族（Sdeiq），是台灣目前最晚被正名的原住民族，但卻可能是大家最熟悉的一個。後發先至的原因是因為魏德聖導演拍的《賽德克・巴萊》電影，這部電影無疑是幫賽德克族做了最好的宣傳，否則知道這個族的人可能寥寥可數。

有人跟我說，看完這部電影卻沒看到男主角。原來他把片名誤以為是主角的名字，其實「賽德克」是「人」，而「巴萊」是「真正的」的意思，在賽德克族的祖訓中不斷提醒族人要做個真正的人，不違背祖訓。很多道理看起來很簡單，要做到卻不容易。賽德克族人的名字是「父連名制」，像莫那・魯道，莫那是自己的名字，而魯道則是父親的名字，而莫那・魯道的女兒叫做馬紅・莫那，從名字就可以清楚的知道她是莫那的女兒馬紅，不過也會碰到同名的族人，就像漢人也會有「志明」、「美玲」這種普遍的菜市場名一樣。

賽德克族主要集中分布在南投縣仁愛鄉，以濁水溪上游一帶為居地。因為被崇山峻嶺阻隔，導致部落分散，因此又形成各部落不同的文化習俗，並且發展出至少三種獨特語系。由於語言的差異，賽德克族分為德魯閣群（Truku）、道澤群（Towda）及德奇塔雅群（Tktaya）。德魯閣群部分族人越過奇萊北峰，遷徙至今花蓮縣境，形成太魯閣族；而道澤群與德奇塔雅群就是在《賽德克・巴萊》

中有許多衝突、矛盾的兩群，道澤群是由演員馬志翔所飾演的鐵木・瓦歷斯率領，而德奇塔雅群就是以莫那・魯道為首，在霧社事件發生前，德奇塔雅群是賽德克族勢力最大的族群。

賽德克族民族性十分剽悍，西元一九三〇年的霧社事件就是由賽德克族人發起。當時日本人耗費許多心力，將霧社建設成在台蕃政治理的模範，賽德克族的反抗無疑打了日本人一個大耳光，但也因此為族人帶來了幾近滅族的悲慘命運。霧社事件第二年，參與抗日的未戰亡族人被強制遷移至北港溪中游河岸台地，日人稱之為川中島社，現為仁愛鄉互助村清流社區。我曾經好幾年帶著朋友去那裡跨年，聽他們講祖先的故事，元旦清晨時也一起參觀他們在餘生紀念館裡舉行的追念祖先儀式。

族人跟我說，漢人的史觀將霧社事件解釋為「抗日」，但族人卻認為是「抗暴」。「不管日本人、美國人，只要他們企圖破壞、消滅我們的傳統文化，我們當然都要反抗。」或許這就是做一個「真正的人」的意涵，心靈與行為都不願被桎梏。不過問他們恨不恨日本人？他們回答說，那是以前的事了！沒有什麼好怨恨的。就像他們以前會出草砍人頭一樣，就算有深仇大恨，但人頭落地的那一剎那，所有的怨仇就都消失於無形，而且還會長久膜拜他。這樣的文化與思考邏輯，實在是我們難以理解的。賽德克族人灑脫的態度讓我有點訝異，反觀很多人仍沉浸在許多歷史悲劇中無法抽離，這大概也是我們要跟原住民朋友學習的地方。

賽德克族是屬於泛泰雅族的一支，與泰雅族一樣有紋面的習俗。過去我們稱紋面為「黥面」，但是「黥」是古代的一種刑罰，是在犯人的臉上刺青以為記號，但對賽德克族人來說，紋面不但不是刑罰，還是榮耀的標誌，女性要擅於織布，男性必須是個優秀獵人才能紋面，因此現改稱為「紋面」這種中性的說法較為恰當。

賽德克族人非常尊崇彩虹，他們認為彩虹是死後通往祖靈之界的橋梁，不能用手直指，否則手指頭會斷掉。當靈魂要跨越彩虹橋時，祖靈會檢視每個靈魂是否具有通過彩虹橋的資格，而臉上的紋面就是辨認資格的記號。另外，據說彩虹橋邊也會有一盆水，男人必須先洗手，洗完手的水如果變成血，即表示有獵過人頭，就能通過彩虹橋。

祭典的由來與相關傳說

日本人的統治對於原住民傳統文化的摧殘及影響極為深遠，以往族人歲時祭儀的作息，全部都是緊跟著小米的生長期，就連對原住民不甚了解的人也都知道原住民有小米酒，但日本人卻以「增加稻米產量來改善經濟環境」為由，逐步強迫族人改種稻米，使得小米的祭祀儀式面臨傳承斷層，至今只剩下殘缺不全的儀式，甚至連小米品種也瀕臨絕跡。

小米是台灣原住民心目中神聖且重要的作物，從播種、耕作、除草、收穫到入倉收藏，都有一連串的儀式與禁忌。而且他們居住的山地多陡峭地形，平坦之處不多，要有穩定且大量的水源灌溉並非易事，但小米只要在適當的時間種下之後，不需要灌澆太多水就能自然長成，實在是最適合種植的作物了。

在賽德克的神話故事裡，祖先只要種上幾株小米就足以讓全族溫飽，因為那時只要取幾粒小米放進大鍋內，就能煮出一大鍋小米飯。不過後來有個女性族人一次煮太多米粒，結果鍋裡的小米滿到溢出來，溢出來的小米就變成麻雀飛走了。麻雀飛走前還對族人說：「你們將來必須辛勤的工作，才能夠得到溫飽。」

小米可細分為「一般的小米」和「糯小米」，原住民大多把一般的小米煮成稀飯，稀飯可再加上野菜，別有一番風味；糯小米則是釀酒的原料，所釀成的小米酒是賽德克族人祭典與喜慶中最重要的必需品。釀製小米酒時，如果有人開釀酒材料的玩笑或不尊重的踐踏，喝過這小米酒的人就會因此發瘋，因此必須十分謹慎。族人也會將糯小米蒸熟後搗成糯米糕，在婚宴上分給所有來參加的客人一同享用。也有人將小米飯拿來醃肉、醃魚，做成可以存放的醃漬物。因為小米攜帶輕便，再加上煮熟後會膨脹讓人有飽足感，所以男人上山打獵時也會帶著小米，就算是長時間留在山上，只要有小米就不會挨餓。

祭典過程與禁忌

小米大多在一至二月播種，七到八月收成，以前部落沒有確切時曆，通常是以植物開花期作為判斷播種的時間點，像是梅花開花時就可以開始進行小米的播種，當然在播種前也會舉行儀式。準備播種儀式時不能除草、砍樹、砍竹子及麻類植物；在播種期間若吃了從低地帶回來的稻米，祖靈會生氣，而且所種植的小米也會因此發不了芽；播種剩下來的小米種子，也不可以拿來吃或是送人，以上種種禁忌都必須遵守不能嫌麻煩，才會在收穫時有好結果。

在祭祀開始時，祭團的領袖會詢問是否有人觸犯禁忌，族人必須誠實以對，並由犯忌之人出酒來向祖靈賠罪。隨後主祭者便帶著小米糕做成的祭糕、酒、小米穗以及農作的鋤鍬，前往田地用鋤鍬整理出一小塊地當做祭田，並將小米穗撒在上面，再用土覆蓋。

接下來在田地中央插竹竿，竹竿旁邊插上枝葉茂密的松樹枝，再放兩塊白石在竹竿與松枝中間，然後主祭者向祖靈祈禱。祈禱完畢後，將祭糕撕成兩半，一半放在田中央，並在上面倒酒獻給祖靈；另一半祭糕由主祭者食用，以祈求小米能順利發芽茁壯。回到部落後，各家攜帶酒與小米糕到主祭者家中歌舞酒宴，再將醃肉與各家帶來的小米糕分配給族人，儀式到此便算是完成了播種祭，各家即可開始播種，迎接新一季的來臨。

看門道

非常可惜的，傳統儀式在當今幾乎不復存在，因為種小米的族人減少，老人家也慢慢淡忘儀式流程。不過在二〇一〇年十二月三十一日，南投縣仁愛鄉的眉溪部落首度嘗試恢復舉行「年祭與播種祭儀式」，將新曆年的團聚與傳統播種祭重現在族人眼前。賽德克族和我們不一樣，受到日本人的影響，過的是新曆年，也是家人會團聚的日子。部落文化工作者也希望利用團圓之際，讓年輕人了解播種祭的精神。

活動包括舉行播種祭，主祭圍石圍田，撒種於田地，播種苗於田。現場還有難得一見的見血儀式，殺豬取血再由主祭把豬血抹在主屋與穀倉祈福，隨後獵人跳戰舞、鳴槍並抬著兩大鍋豬肉分給現場人士品嘗，現場表演賽德克傳統歌舞。雖然不是絕對傳統，但是只要有心開始動起來，賽德克族人與彩虹橋和祖靈的距離應該會愈來愈近。

貝珠腕飾：頭目或勇士可成對使用

耳飾：頭目或勇士可成對使用

首或首鈴：用貝殼或獸骨製成

賽德克族全年慶典

時間	名稱
2～3月	小米播種祭
7月	收穫祭
8月	豐年祭

撒奇萊雅族

海祭

來捕魚吧！
帶著捕魚具，
唱起抓魚歌，
蹲著腳歡樂來撈魚。——捕魚歌

撒奇萊雅族（Sakizaya）世居於花蓮奇萊平原，勢力範圍約在立霧溪以南、木瓜溪以北，大約包括今日的花蓮縣新城鄉、花蓮市及吉安鄉三個地區，在日據時代被歸併為阿美族五個支系之一的南勢阿美。文化習俗上與阿美族大致相同，屬於母系繼承制，因為較早接觸噶瑪蘭族人並從其學習水田耕作，因此水稻的種植歷史甚早。也有與阿美族相同的年齡組織，稱神靈為dito，相當於阿美族的kawas。

但由於撒奇萊雅族語和阿美族語差異甚大，且撒奇萊雅族人區辨族別的意識強烈，因此積極籌組民族自治組織並向政府申請正名，其正名運動可追溯至西元一九九〇年，由該族已故長老帝瓦伊·撒耘校長於花蓮首次舉行撒奇萊雅族祭祖大典。直至西元二〇〇五年撒奇萊雅族部落代表約六十人向行政院原住民族委員會遞交正名申請書，正式提出正名申請，最後在西元二〇〇七年被認定為單一民族，成為台灣官方認可的第十三族，族名為撒奇萊雅族。

也許大家會好奇，撒奇萊雅族人原本在阿美族裡好好的，為什麼要獨立出來成為一個新的民族？其實若從語系或是族群概念來看，撒奇萊雅族一直都存在，只是當年隱姓埋名是為了避免殺身之禍，才使得撒奇萊雅族消失了一百多年。

有關撒奇萊雅族的最早文獻記載是在西元一六三六年，當時西班牙統治台灣北部及東北部，其中即包含了撒奇萊雅族的居住地。之後荷蘭東印度公司也曾在西元一六三八年派兵來犯，主要是因為撒奇萊雅族居住地出產金礦，因此雙方發生多次衝突。而這些外來的零星衝突對於撒奇萊雅族造成的傷害，都比不上西元一八七八年清朝政府幾近滅族的「加禮宛事件」。

當年大清帝國進行開山撫番政策，增派精兵直搗奇萊平原。撒奇萊雅族聯合噶瑪蘭族與清兵對抗，但最後依舊寡不敵眾，為了不使撒奇萊雅人被滅族，頭目們在商議後決定開門投降，結束這場戰役，不過部落還是被清軍放火焚燬。為了達到殺雞儆猴的目的，大阿瑪（聯合大頭目）古穆・巴吉克（Komod Pazik）慘遭清軍割下全身的肌膚、頭皮、眼珠，凌遲至死；而大阿瑪之妻伊婕・卡娜邵（Icip Kanasaw）也被處以用茄苳樹大圓木壓碎身體的極刑，目的就是想藉此對奇萊平原其他各族群宣示其武力及統治權。

當時的清軍將領吳光亮擔心撒奇萊雅人會另起爐灶，因此強迫族人遷社，並建立Chibaugan（飽干，今花蓮市德安部落）、Maivuru（馬立文，今瑞穗鄉舞鶴村北邊紅葉溪畔）、Karuruan（加路蘭，今豐濱鄉磯崎村）等社，而留在Dagubuwan原地的族人則將社名改為「歸化社」。日據時代，Chibaugan社眾跨過美崙溪再次北遷，另建立現今的北埔村（於今新城鄉境內）。

在加禮宛事件後，撒奇萊雅族人也為了躲避清軍追殺，自此遠走他鄉或隱入阿美族群部落之中，開始了一百二十九年隱姓埋名的流浪旅途。日據時期日人對台灣原住民進行民族分類，因撒奇萊雅族人對於加禮宛事件的恐怖記憶猶存，因此還是選擇繼續隱姓埋名，因而被歸為阿美族。曾經有人說過，近代台灣的開墾歷史，其實就是原住民族遭到同化或消失的歷史，這樣的說法用來描述撒奇萊雅族的際遇是再貼切不過了。

祭典的由來與相關傳說

海祭並不是撒奇萊雅族的專利，事實上，原住民是實踐「靠山吃山，靠水吃水」最徹底的族群，包括噶瑪蘭族、阿美族都有海祭，因為他們都靠近海洋與河流，自然要「吃果子拜樹頭」，表達對自然環境的崇敬與感謝。由於過去這些族群長期相處的關係，祭儀多半相同，當中的差異主要是對海神的稱呼以及傳說的不同。

海祭的由來已不可考，因為原住民本身沒有文字，通常是藉由耆老的口述，將許多祭典或禁忌代代相傳，但這畢竟無法長久，也造成要追本溯源時資料上的缺乏。

撒奇萊雅族傳說中祖先是一對兄妹，在一次大洪水中，得到海神卡飛德（kafit）的幫助，才得以順利漂流到台灣，為了感念海神的恩德，族人世世代代舉行海祭，感謝海神的救命之恩。而海神對族人的幫忙不僅僅如此而已，族人移居之後，因為魔族阿里噶蓋（Alikacay）以邪惡的魔法到處為非作歹，部落與族人都遭受到空前的災難，而負責討伐魔族的青年階級更是死傷不計其數。為了拯救族人，海神便將制服魔族的方法托夢給頭目，才把魔族順利驅逐。而魔族也為了感謝族人以德報怨的不殺之恩，便允諾族人每年都會奉上豐富的漁獲。自此之後，每年的捕魚季來臨，部落就會舉行海祭來感念海神的貢獻。

在撒奇萊雅族的傳統信仰中，海神掌握著巨大又神祕的力量，它的性情剛烈，喜怒無常。雖然海洋提供了豐富的食物，但也帶來莫大的災害。海神職司海洋、河流、天象與氣候，人們所懼怕的颱風、地震都由海神所掌管，乾旱、洪水等氣候異常，也都與海神有關。如果部落久旱不雨或者洪水氾濫，巫師都會盡力與海神溝通，平息海神的怒氣以改變氣候。因此磯崎頭目吳阿春說：「海神的地位就像漢人口中的海龍王一樣！」

海洋給予撒奇萊雅族生命的延續與泉源，而撒奇萊雅族也用最虔誠的態度來對待這片湛藍不可測的大海。在撒奇萊雅族的生活與祭典裡，我們看到了人與天的自然和諧，而非人定勝天的驕傲。這也許是撒奇萊雅族海祭給我們的另一種深刻省思吧！

祭典過程與禁忌

想看比較完整的海祭，以位於豐濱鄉的磯崎為最佳地點，這裡早年名為「加路蘭」，是昔日阿美族人曬鹽之地，每次族人狩獵完畢就順道在此取鹽回家。清光緒四年加禮宛事件落幕後，撒奇萊雅族人就遷居於此，靠捕魚維生。磯崎靠海，海祭當然就成為每年的重點活動之一。撒奇萊雅族對於季節的更迭有極高的敏銳度，他們將一年四季分為pasavaan（春天）、ralod（夏天）、sadinsing（秋天）、kasinawan（冬天），並隨著季節舉行相關的祭儀活動。根據文獻記載以及撒奇萊雅族耆老的口述，早期撒奇萊雅族的祭典是以小米為祭祀中心，按照小米生長時節，分為播粟祭、捕魚祭、收成祭、豐年祭與收藏祭。

如今為了延續撒奇萊雅族的傳統，以及庇祐仍以捕魚維生的族人，磯崎固定在每年的三月二十九日依照傳統在海邊舉辦海祭，主要的目的在感謝海神、山神還有祖靈的庇祐，並且期待來年仍然能夠平安豐收。現在的海祭不再侷限於撒奇萊雅族人參加，漢人或是阿美族的漁夫也會被邀請一同共襄盛舉，共同表達對海神的敬意。

祭典通常在早上九點開始，祭品在桌上一字排開，而祭品不只有海神的那一份，還包括山神與祖靈的。我問頭目吳阿春為何也要祭拜山神？他說：「因為撒奇萊雅族相信萬物都有靈，超自然的力量無所不在，所以海祭不止拜海，也算是族人對自然表達敬畏、慎終追遠的一個機會。」其實這也不難理解，就像我們到廟裡拜拜，也許主神是媽祖，但隨奉在旁的神明我們也會同時祭拜一樣。

獻給海神的祭品包括豬肉、雞肉、糯米、檳榔、荖葉、米酒等；山神的祭品則有豬肉、雞肉、白飯、地瓜葉；祖靈的祭品是風車、陀螺、檳榔、荖葉、生薑、米酒和鹽等。相較於漢人會拿香、燒紙錢祭拜神靈，這在撒奇萊雅族的習俗裡是沒有的。另外，撒奇萊雅族也會感謝漁具，就像漢人會拜灶神一樣，對漁具表達這一年來辛苦捕魚的謝意，族人也了解工欲善其事，必先利其器的道理。

整個祭典流程約需兩個小時，只有男性可以參加，女性不能參加，只能遠遠的看，否則據說這一年就會捕不到魚。主祭者由德高望重的頭目擔任，帶領大家唸祝禱文，內容大致是：「親愛的海神，捕魚的季節到了，大家準備要出海捕魚了。希望海神保佑，讓族人出海捕魚時海面沒有風浪，能夠平安順利，滿載而歸。」祭拜海神完後，所有人轉身面向山，同樣表達對山神Sairoi的敬意。祭祀結束後，所有的人就在海邊分食祭品，分享海神、山神與祖靈的祝福。接著由部落青年下海捕魚苗、撒網捕魚，象徵祭典結束，也代表今年的捕魚季正式開始。

看門道

族人拿自己的族名開玩笑說：「我們是殺雞殺鴨族！」因為海祭儀式中會擺放雞來祭祀海神；而在每年的端午節又有在海中捉鴨子的活動。每個祭典都會有自己的特色與意義。

一般人對海祭的認識多半從傳說與族人的生活習慣而來，不過若用現在的科學角度來解釋，由於磯崎位於台灣東部太平洋（若以太平洋來說，應是太平洋西岸）的海灣中，海岸線綿延伸出，礁岸與沙岸皆備，而西面為海岸山脈阻隔，於是部落生活與海洋便

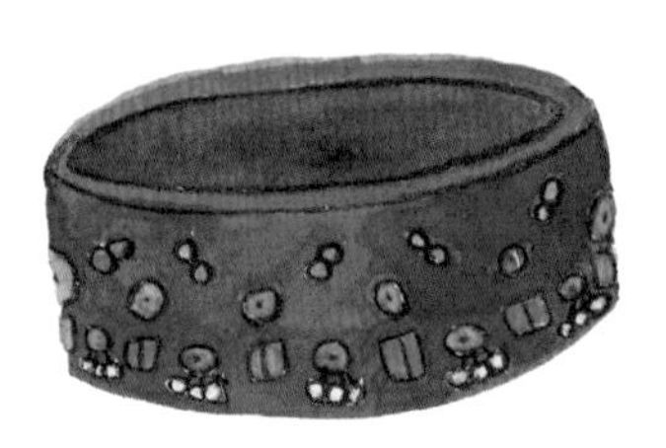
女性頭飾帽

息息相關。海祭其實就是象徵捕魚季節的開始，因為台灣東部在冬天的東北季風吹拂下，往往風大浪高，不適合出海。由此更可看出族人尊重自然不強求，跟隨自然調整作息的古老智慧。特殊的地形與氣候形成了部落重要的山海文化觀及宇宙觀，海祭正是典型的生活智慧與文化結晶的聚合體。

每年四月到六月是飛魚過境台灣東海岸的季節，這也是以往磯崎的主要漁獲對象，漁民以麻繩自製魚網投入海中隨潮漂流，就可輕易捕到足供族人食用的飛魚。直到民國五十六年海岸公路開通和塑膠漁筏引進之後，才改以商業價值較高的龍蝦、底棲魚類和虱目魚苗為主要漁獲對象。

磯崎的撒奇萊雅族漁民所捕獲的龍蝦、黑毛等底棲魚類，均棲息於海底有礁石的沿岸海域，族人的腦海中都有一張標記著何處有什麼魚、海底是岩石或砂質、海有多深、潮流流向的地圖。而他們獲得漁場資

男性大禮帽

訊的方法完全是來自於經驗；或者戴潛水鏡下海實際觀察；或者乘漁筏曳行時，以繩索綁石頭投入海中，手持繩索的另一端，視繩索的振動或石頭相碰撞的聲音，而得知海底是岩石或砂質，並視投入海中繩索之長短而推測海深；或者在漁撈起網的過程中，由網具、釣具的破損情形來判別底質和深度；或者以目測方式對準陸地上的地標（如山頭、房屋、橋梁），以尋找自己經驗過的好漁場。這些智慧是累積數代的傳承，也是熟悉這片土地的最佳印證。

男性禮帽

撒奇萊雅族全年慶典

時間	名稱
2～3月	播粟祭
3月	海祭
7月	火神祭
7～8月	豐年祭

布農族

射耳祭

征帥：告訴大家，曾經用頭顱喝過幾次酒？

勇士：告訴你們，

　出草的經歷僅是如此，

　十餘次，

　戰利品皆是有保險開關的日本槍。——誇功歌

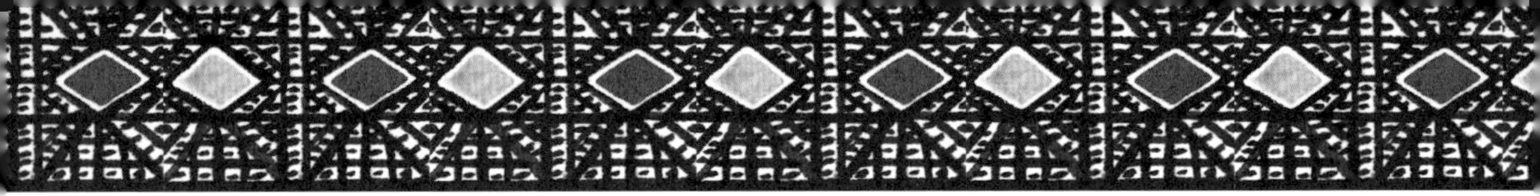

中國大陸對於台灣原住民的分類並不是十四族，而是只有一個「台灣高山族」，這樣的認知當然來自於不了解實際情況，不過別說對岸有誤解，就連很多台灣人也都以為原住民就是住在山上的族群。不過若要說到真正的台灣高山原住民族，那麼非「布農族」莫屬，他們也是東南亞各族群中居住海拔最高的一族，更是活動力最大、移動性最高的族群。

布農族共分為六個族群，主要分布於南投、高雄、台東一帶，分別是卓社群、郡社群、卡社群、丹社群、巒社群以及已被鄒族同化的蘭社群。自古以來族群的生活環境就在中央山脈與玉山山脈間，因此族人都練就超大肺活量，再加上擁有豐富的山林與生態智慧，因而造就了許多傑出的高山嚮導，有著「台灣雪巴」的美稱。早期玉山主峰的地標：于右任銅像，就是由布農族人伍勝美和全桂林背上玉山主峰所搭建的。

因受環境影響，布農族人個性較為內斂沉穩。而不擅長舞蹈的他們，究其原因是布農族的音樂重視合聲，較少有具節奏性的音樂的緣故。也因生活環境艱困，布農族採大家庭制，經常是由三、四十人組成一個大家族，也因此造就了敬老尊賢的美德，分山產或喝酒時一定先給長者。老人也享有飲食與衣物的特別優待，並且免服勞役。

曾經引起台灣民眾瘋迷棒球熱潮的紅葉少棒隊，就是由台東的布農族小朋友所組成的，他們從生活中培養出來的耐力以及強調團隊合作的精神，在棒球運動中發揮了最極致的成效。

祭典的由來與相關傳說

由於非常重視小米收穫的關係，布農族不僅有歌聲祈禱，也發展出以小米為中心的一系列祭祀儀式，只可惜從日據時期開始，日人因缺乏軍糧而強迫族人改種水稻，小米文化因此嚴重流失。布農族人依照植物枯榮與月亮盈缺來決定農事時間，例如李花盛開時，適合播種小米；滿月時適合收割；月缺時適合驅蟲、除草。而在除草祭儀結束後，布農族人會打陀螺，意即期盼小米能快速成長，就像陀螺快速旋轉一樣，還會在空地上架起鞦韆，希望小米長得像盪鞦韆時那樣高。繁複的農事祭儀，使得布農族成為祭祀儀式最多的族群，幾乎一整年每個月都有祭儀活動。為使祭儀能如期舉行，布農族人發展出「曆板」，以類文字的符號記載歲時行事，是無文字的原住民文化中的一項異數。

除了農事外，別忘了布農族是大山的民族。記得以前小學的國語課本中曾有

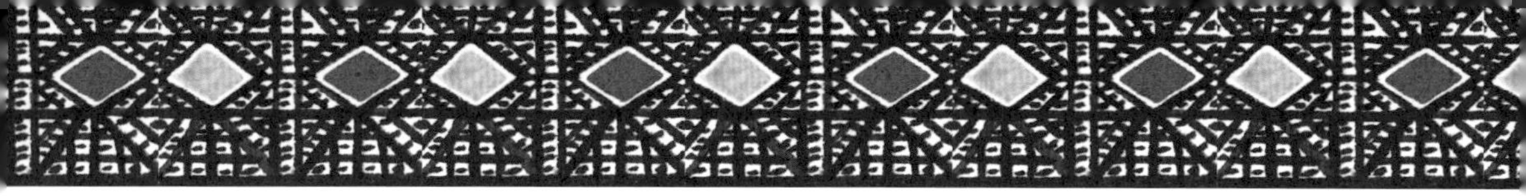

一課「我是神射手」，課文內容就是描述布農族人對於打獵的專長，雖然裡面介紹不多，但卻令人印象深刻，因為這是在我們的學習階段中第一次也是少數的幾次談到原住民文化。

布農族既然活躍於高山間，那麼男子是否擅長打獵就成了在部落裡被評價的標準。我認識一位布農族獵人，他只有小學畢業的學歷，但在山林裡卻是個博士，沒有人能挑戰他。他的指導教授是蓊綠的森林、是處處須提防的驚險地形、是動物的腳印、是父親殷殷的誡語、是世代傳承下來的禁忌，他是一個重視傳承和獵人傳統的族人。他回憶起獵人生涯中最豐碩的成果，是有次跟著父親上山近一個月，光是山羌就打了將近七十隻，父子兩人打到的獵物足以讓整個部落享用，那時在部落裡走路都有風。跟著他上山也是有趣的經驗，看到倒臥的芒草就知道山豬剛走過多久；隨地砍一根箭竹，把粗獷的山刀當成細膩的雕刻刀，不消一會兒功夫就做好了一支竹笛，吹出來的聲音是模擬受傷山羌的淒厲叫聲，可以引來黑熊，這也是父親教給他的，不過他說熊不能亂獵，一個人一生不能獵超過五隻熊，否則將遭遇不測。

就是這樣世代相傳的狩獵文化，衍生出了布農族最著名的祭典：祈求獵獲豐富、家族興旺的「射耳祭」，這也是族裡唯一全族性的祭儀，舉辦時間多半於每

年四、五月間農閒時，這段期間是狩獵的尾聲，也是動物的繁殖期，除了舉行祭典感謝老天的恩賜外，也宣告族人自此時開始要讓動物休養生息，而不是殺雞取卵的殺戮。現代人都知道生態保育的重要性，但多半口惠而不實，布農族沒有華而不實的口號，生態永續早就已經在生活中實踐了。

布農族各個部落都會各自舉辦射耳祭，規模大小不一，但每年五月會由十個布農族鄉鎮來輪流舉辦聯合性的布農族射耳祭，西元二〇一〇年在台東縣延平鄉舉辦，二〇一一年則由花蓮縣卓溪鄉接棒，祭典中會出動百人演唱八部合音，讀者若想參加的話，可上原民會網站留意相關活動訊息。

祭典過程與禁忌

長期生活在崇山峻嶺的環境，絕對會對人的生活方式與性格產生深遠的影響。靠山吃山，狩獵成為布農族人最主要的維生方式，每個布農族男人都是身手矯健的獵人。每年的射耳祭是布農族最重要的祭典，相當於我們的新年，同時具有宗教、社會、教育、政治等多方面的寓意，算是男性的祭典。布農族是典型的父系氏族社會，像射耳祭這樣的活動女性在以往是被排除在外的，不過時至今

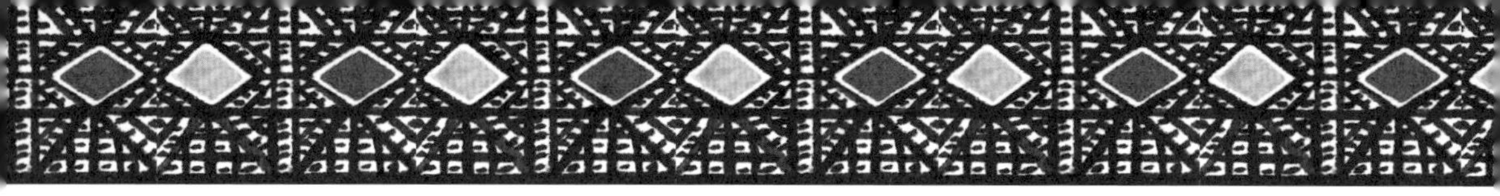

日，男女已皆可參加，而且也會舉辦傳統技藝競賽，像是背筐負重比賽、射箭比賽，透過這樣的活動，不僅可以保留過去尊敬善獵英雄的文化傳統，也得以讓技藝傳承給後代，象徵布農族男子成長階段的生命禮儀。

為了迎接祭典的到來，部落成年男子會到自己的獵場打獵，而留在家中的婦女則負責製作祭典所需的小米酒。祭日當天，祭司會召集全村的男性族人到會所，只要可以走路、聽得懂話的都要參加，包括幼兒。男童參加射耳儀式的目的是希望他們能成為神射手，從年紀最小的先射，如果還不會拿弓箭，就由親屬或是部落老人協助。

射耳前必須熄滅全部落的火苗，最後再由全年打獵成績最好的人重新點火，代表薪火相傳之意。射耳場上會擺放著鹿耳、山豬耳及山羊耳，但只能射鹿耳，若錯射山豬耳朵，那麼以後打獵時見到山豬就會感到害怕；若錯射山羊耳朵，那麼小孩會常走到懸崖峭壁，這都是不好的。這個過程很像我們的「抓周」，抓到什麼物件就會影響自己的一生，而且據說射不中還會短命而死，所以幼童射箭時都很小心翼翼，不過大家也不用擔心，因為射箭之處與鹿耳相距約一公尺半，所以很少射不中的，這有點偷偷放水的意味在，因為畢竟只是個象徵的儀式嘛！

射耳儀式結束後就是分食烤肉，每人一份不能多分，也不能有遺漏的，若有

族人沒分到肉是為不祥之兆，沒分到肉的人還要請巫師作法去除霉運。吃完烤肉之後，男人將自己的獵槍排在地上，再用手把酒灑在槍上，慰勞它們的辛勞，這也說明了布農族的萬物皆有靈的信仰觀念。

看門道

顧名思義，射耳祭中的重點儀式就是「射耳」了！這隻獸耳通常是鹿耳，為什麼要選擇鹿耳呢？因為鹿是布農族狩獵時最希望捕捉到的野獸。鹿生性多疑，容易受到驚嚇，跑起來速度快不好追捕，能夠獵捕到表示獵人行動敏捷、技術高超，再加上牠的體型大，拿回部落分食非常有面子，會被族人視為英雄，這些原因使得鹿耳變成儀式中不可或缺的物品。

此外，射耳祭的另一個高潮便是馬拉斯達棒（malastapang），也就是誇功宴，這是男子們光宗耀祖的時刻，也是對年輕子弟的機會教育，想要得到

杵臼：搗小米時的用具

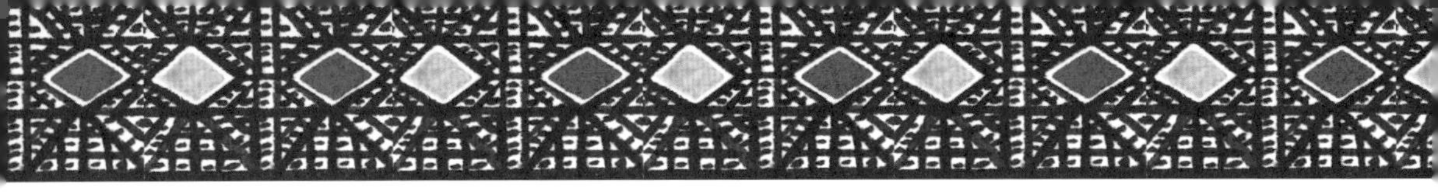

這個光榮，就要勤於精進技術。誇功宴時男子蹲成半圈，女子站在後面，每位男子自己報上打獵及獵取敵首的成績，向眾人炫耀自己的成就，婦女接著獻上小米酒祝賀。每報一句，眾人跟著回應一句，每個人都要據實以報，不能多報也不能少報，最後一同歡呼，一唱一和間表現出豪邁氣概，也呈現出布農族特有的合音節奏性與音樂性。

在祭儀儀式中，布農族人也會祈求祖靈保佑小米豐收，方式是男子圍成一圈，一起合唱祈禱小米豐收歌（pasibutbut）。族人衷心相信，歌聲愈好聽的話，今年的小米收穫就會愈豐收。也許是因為住在高山上遠離塵囂的關係，族人的嗓音純淨天然如同天籟，即便是老人家的歌聲已帶點滄桑卻也不失渾厚，若是有機會聽到著名的八部合音，就算聽不懂意思，也仍會讓你感動到全身起雞皮疙瘩。其實布農族的歌聲實際上只有四部合音，但當音域高到某個層次時，

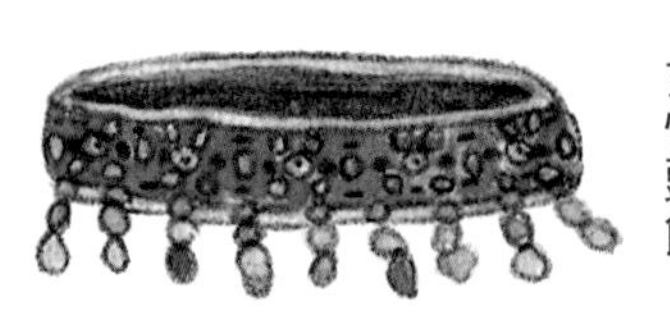

女性頭飾

月桃編籃：置放物品之用

便會出現八個不同的音階，因此被稱為八部合音，這可說是世界級的珍貴文化財，也重寫了音樂起源說的論點。八部合音不僅反映布農族人與生俱來的音感，也表現出人際間和諧秩序的狀態。

布農族全年慶典

時間	名稱
每年4～5月	射耳祭
7、8、9月的月圓時舉行	嬰兒祭
約在每年8～11月	豐年祭
約在每年11～12月	播種祭

達悟族
大船祭

我心愛的船啊！
該快快回家啦！
天已漸漸黑了，
走吧！走吧！
謝謝你船啊！
把一船的魚蝦載回家鄉，
迎海風海浪向前划。——划船歌

台灣原住民到底從何而來？其實眾說紛紜，到目前為止還沒有一個明確的解答，有人說從大陸西南而來，也有人說從太平洋諸島而來，不過可以確定的是遠離台灣居住在蘭嶼島上的達悟族，這個不折不扣的海洋民族，他們的祖先可追溯到菲律賓群島，因為菲律賓呂宋島最北方的巴丹島，住著跟達悟人在語言、文化上幾乎百分之百相似的人種，甚至彼此之間還曾互訪，於是達悟族人開玩笑的說：「台灣一天到晚要獨立，其實我們早就可以跟巴丹島一起獨立，可是名字不好聽，因為叫做『蘭巴共和國』。」

這是原住民朋友特有的幽默，不過達悟族由於生活環境較獨立，因此傳統文化也保存得最為完整，所以他們和台灣島上其他原住民族群有很多相異之處。以前被日本人稱為雅美族，直到一九九八年才又恢復成達悟族，人口約為四千人。

由於四面環海沒有屏障，夏季多颱風侵擾，冬季又面對東北季風吹拂，因此傳統的達悟族人將房子挖深於地平面之下，採半穴式的地下屋方式居住，不怕風雨、冬暖夏涼，完全順應自然環境，而且地下屋還分四種等級，不能隨便亂蓋，愈爭氣上進的就能住第一等房，各等級的地下屋大小、隔間都不相同。除了住屋與工作房外，達悟族人因為懂得享受生活，所以往往都會再蓋一座涼台，那就是他們的發呆亭。發呆亭四面通風，要看海或是看夕陽，在這裡悠閒度日真是再好不過了。以前台灣政府自以為好意，在蘭嶼幫族人蓋水泥國民住宅，但這樣的房子反而不符合實際使用，因為太悶熱而沒人肯入住，至今真的變成花園「羊」房，成為族人養羊的地方，這又是一個因為我們不了解原住民與自然相處的生活智慧所產生的無奈案例。

達悟族的主食是芋頭、地瓜以及飛魚。芋頭對族人來說不僅是澱粉的主要來源，所有的慶典更是少不了它，而且芋頭有八個品種，什麼芋頭該種在什麼地方？怎樣才好吃？每個族人都瞭若指掌。不過芋頭料理沒什麼變化，通常不是水煮就是搗成泥狀食用，但飛魚的學問可就大了。

每年三到六月是捕飛魚的季節，族人此時駕著拼板舟，利用魚的趨光性點火引來飛魚。不像其他大型漁船竭澤而漁，族人只取自己夠用的量，滿足生活需求就夠了，這樣的生活哲學是值得欲望多的現代人去省思。

捕到的飛魚其處理規矩更是多如牛毛，包括如何刮鱗片、殺魚方式、煮魚地點、烹調用具、食用方法，在在皆顯示達悟族人尊重祖先傳下來的規則，更看得出他們在這資源缺乏的小島上對於食物的尊重與珍惜。

歌舞方面，婦女的頭髮舞在各原住民族群中獨樹一格，而男士們的勇士舞則是另一種力與美的表現。

祭典的由來與相關傳說

既然是屬於大海的民族，那麼船隻就比其他交通工具來得重要，達悟族的拼板舟也是這個族群最鮮明的象徵物。跟邵族挖空樹幹的獨木舟不同，達悟族的拼板舟是由不同材質的木板拼合而成，這實在是了不起的工藝，因為船是在海裡划的，接合處不能有縫隙，否則船就變成了澡盆，若一不小心不僅魚沒抓到，還會鬧出人命呢！

如果說山刀是許多高山原住民的第二生命，那麼愛好和平的達悟族男子的第二生命肯定是拼板舟。不過要造一艘拼板舟非常不容易，通常是船隻破舊不能使用，或是「船組」升級時，才會考慮建造新船。大船由二十七塊木板拼組而成，可讓六到十人乘坐；小船由二十一塊木板組成，可坐一到三人，施作沒有設計圖，全靠口耳傳承，每個步驟都有規矩，馬虎不得，整個過程亦是充滿禁忌。

什麼是「船組」呢？這是達悟族極為重要的社會結構，功能很像阿美族的年齡階層，但並不以年齡做區分，而是直系或旁系親屬組成的十人團體，目的是在海上捕魚時可以彼此合作、互相照顧，更能讓捕魚技術在實際操作中獲得傳承。這樣的關係不只在海上，日常生活中只要船組成員需要勞力協助，或是需要調解糾紛，船組也是十分穩當的靠山。

造船的過程非常繁雜，也必須靠大家分工合作。先選擇適合的木材，再進行砍材、製木釘，刨削、組合、防水等工作。拼板舟完全沒有使用到任何一根鐵釘，而是以木釘、接榫拼合而成，船身依部位不同而採用不同的木材，像是船底龍骨要選擇質地堅硬、耐腐耐磨、不易反翹的台東龍眼樹、蘭嶼赤楠，其他如欖仁舅、台灣膠木、麵包樹、綠島榕及大花堅木等也會用到，最後再以蘭嶼花椒的白色根部纖維做填縫材料，完成主體結構。

新船完成後通常還會在船身上漆或是雕刻，達悟族拼板舟只有紅、黑、白三色，以前沒有油漆，用的是天然紅土、鍋灰和貝類來調配顏料。就像端午節的龍舟需要點睛，達悟族人也會在船首和船尾的左右兩側畫上船眼紋，以避免船在茫茫大海中找不到方向，更能幫船主人找到豐富的漁獲，還有辟邪的用途，而船首尖端插上高舉的黑雞羽飾是用來測風向的。拼板舟邊緣以波浪紋鑲邊，船身還有像是蝴蝶吸食器的人型圖紋，據說這是用來紀念教導族人製船捕魚的Magamaog，而這長手長腳的圖案也期待族人可以游得更快，捕到更多的飛魚。

祭典過程與禁忌

新船下水分為一般小船下水禮和有雕刻的大船下水禮，後者特別受到族人的重視，要經過船組開會討論後，選擇良辰吉日舉行下水儀式。儀式所需的芋頭、地瓜都是在選定船隻木材的同時，婦女才開始栽種，等到慶典開始的前幾天才採收，儀式中所需要的豬羊也一併由族人帶到船長家。

慶典開始的前一天早上，船組成員們會親自邀請親友前來參加典禮。而典禮當天早晨，男人們會將做為禮品的芋頭整齊有次序的堆放在船上及周圍，堆愈高代表主人愈有面子，新船在還沒下海前反倒像是沉浸在一片芋海中。被邀請的貴賓會盛裝出席，男人拿著長矛，戴著銀盔，唱著古調，唱出造船的辛勞不易；客人們也不斷歌頌芋頭收成和新船的華麗，獻上滿滿的祝福。從船主的臉上可以看見那份不斷被賓客讚美的驕傲與喜悅，這是辛苦許久後最光榮的一刻。

到了第二天，賓客們會分到禮芋與豬肉，接著就是重頭戲「下水典禮」的登場。從天還沒亮就開始的會場布置，到典禮中依長幼順序輪番吟唱禮歌祈福，乃至最後的驅除惡靈儀式、拋船下水過程，新船下水儀式在在表現出達悟族人遵守文化傳承的精神。

看門道

西洋人怕鬼，東方人怕鬼，連達悟族人也不例外。在達悟族的靈魂觀念中，對死去的靈魂（Anito）最為懼怕，我們可以把惡靈的概念解釋為人生過程中靠人力無法掌控與避免的災難，族人把日常生活中許多不好的事物都歸咎於惡靈作祟，因此在許多祭典裡，驅逐惡靈就成為重要的步驟。

像是造大船時不能太張揚，以免引起惡靈的覬覦與忌妒而帶來厄運；新船下水祭儀式中，勇士們頭戴銀盔，身穿藤甲全副武裝，並不是真的要去打仗，而是希望藉由這身裝扮嚇退惡靈。在新船下水典禮時，男人們將船舉起繞圈、搖晃然後拋向空中，透過這樣原始野性的力量為船舟祈福注力。拋船是由參加儀式的男性按年齡分組，從年齡最高的那一組開始輪流抬船到海邊，穿著丁字褲的勇士們跳著舞步、雙手

男性藤帽：於驅鬼與祭典時穿戴

握拳、雙唇緊閉，大聲發出「嗚」、「哦」的吆喝聲，全身肌肉因綳緊而露出青筋，船主則手拿長刀站在船中央不斷的揮舞，目的都是要驅趕惡靈，讓新船能夠滿載而歸。新船放入水中後，船組成員登船操槳衝刺入海，在海中試航後回到岸上，這就完成了精采熱鬧的新船下水典禮，這也是達悟族最吸引人的一段祭儀過程。

達悟族是台灣原住民裡唯一具有金銀打造工藝技術的民族，銀盔就是其傑作。這個神聖的器物是重要的傳家寶物，族人平時會把銀盔放在特製的藤籃裡，像新船下水這樣重要的儀式才會拿出來戴。不過蘭嶼沒有產銀礦，族人製作銀器的原料來自於十六、十七世紀時發生海難的西班牙船艦上的銀幣，還有後期的日本銀圓。

達悟族另一項令人矚目的服飾是丁字褲，有著黝黑皮膚的男人們穿著丁字褲專注進行儀式，汗水與海

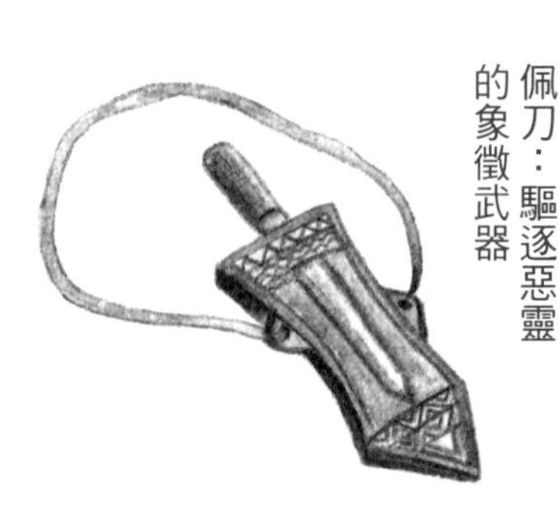

佩刀：驅逐惡靈的象徵武器

女性帽：以椰鬚和藤編成，頭頂飾品象徵祖靈

水混合在一起，在陽光照耀下閃閃發亮，最能展現海洋民族旺盛的生命力。丁字褲是達悟族的標記，通風的設計適合炎熱的島嶼，也算是最早的泳褲，能夠讓族人在海中工作或活動時，幾乎忘了它的存在。

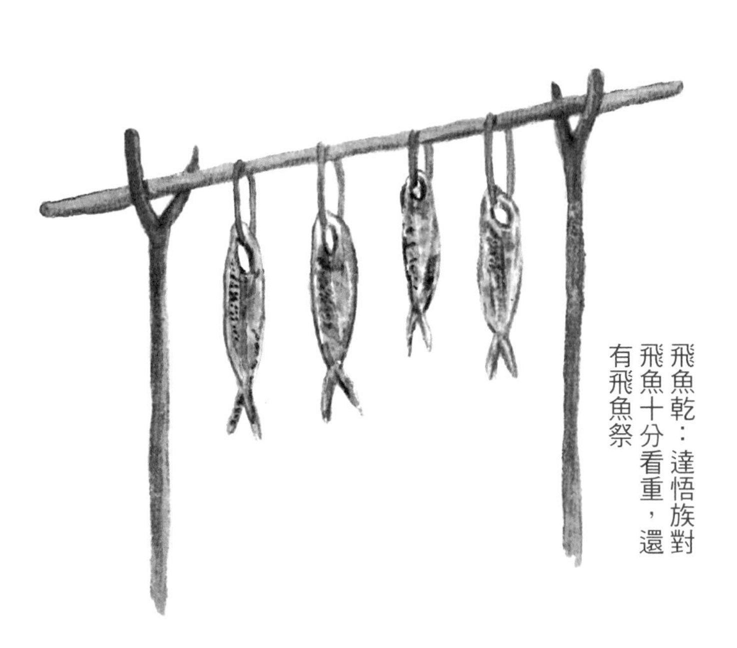

飛魚乾：達悟族對飛魚十分看重，還有飛魚祭

達悟族全年慶典

時間	名稱
每年2月	迎農作物祭
每年3、4月	飛魚祭
7月	收穫祭
9月	飛魚終食祭
有船建造完成時	大船祭（新船下水祭）

泰雅族

祖靈祭

先祖們！
先祖父母！
先父母！
所有的祖靈！
請來享用我們帶來的祭品，
不論你們遠在天邊或是山嶺，
請來享用我們今年豐盛的收穫。——祖靈祭祭祀語

泰雅族是台灣北部山區的山大王，也是台灣原住民族中分布最廣的一支，範圍包括新北市烏來區、桃園縣復興鄉、新竹縣尖石鄉和五峰鄉、苗栗縣泰安鄉、台中市和平區、南投縣仁愛鄉以及宜蘭縣南澳鄉、大同鄉。泰雅族是個擅長使用竹子的民族，有人說有泰雅族部落的地方一定會有竹子，族人用竹子來蓋傳統民居，用竹子編織背簍與生活大大小小的器具，也用竹子做成口簧琴當樂器。

正由於分布範圍大，因此泰雅族的眾多族群有著各自不同的發源地傳說，發源地有三：一是雪山山脈的大霸尖山、二是南投縣仁愛鄉的發祥村（Pinsbukan）、三是中央山脈的白石山。雖然地點不盡相同，但祖先的誕生幾乎都是從巨石中迸出，也印證了山體巨石與泰雅族的關係。要了解這些傳說是真是假非常困難，因為原住民普遍沒有文字只靠口述歷史，經過世代的傳遞，就算是真的也難免因為多次的二手傳播以及年代久遠而失去辨別真偽的可能。

雖然同是泰雅族，但不同的部落間各自獨立自主，有時為了爭奪有限的獵場與耕地，還會互相仇視。所以一個泰雅族部落就像希臘古典時期的一座城邦，部落間彼此合縱連横，會衡量自身的利害關係而產生部落同盟，作法就類似戰略中的「聯合次要敵人，打擊主要敵人」。

以往出草的習俗，據說也是源自於部落人口太多必須要遷出一半的人口，為了平分人數，大家決定用喊聲大小來均分，沒想到一方的領導人使詐，先將一些人藏於山後，後來因此獲得較多的人口。另一方領導者得知後，誓言日後雙方若有紛爭，就以取首級的方式來論斷是非。

不過出草並非嗜殺、復仇的意義而已，除了為疆土而戰外，也是部落男子尚武的神聖行為，只有獵到人頭才能享有較高的社會地位。而碰到農耕歉收或是瘟疫流行時，也必須藉由出草來祭祀祖靈，以消災解厄。泰雅族的家戶旁都設有敵首棚，希望能藉此獲得祖靈的庇佑，因為族人認為頭是靈魂所在，具有神祕的力量。不過日據時代下令禁止出草，今日已不復見。

祭典的由來與相關傳說

烏都夫（utux）是泰雅族的主要信仰，在泰雅族傳統觀念裡「烏都夫」指的不僅是祖先的靈魂，還包括所有死者的靈魂，用漢人的概念來說，就是包含了祖先與鬼魂。泰雅族的靈魂也有善惡之分，自然死亡的是善靈，而死於非命的則是惡靈，善靈會回到祖靈之地庇佑族人，而惡靈則徘徊在死亡地，讓族人染病或是失魂。若有族人生病，祭師便會卜問患者是否觸犯了烏都夫？或者族人在戶外喝酒、吃飯，也都會彈一些食物在地上給烏都夫享用。雖然沒有具體的形象，但是烏都夫無所不在，族人對祂是既敬畏又害怕，也因此日常生活中的作為與作息，全部都與烏都夫有著密切的關係。

泰雅族之所以能成為台灣原住民的北霸天，不得不歸功其連結嚴密且同生共死的社會組織，而緊緊繫住這個組織的力量就是gaga。我們很難用單一的辭彙來解釋gaga，因為它涵蓋了倫理道德、法律、禁忌、宗教信仰、禮俗等層面，也有人把它解釋為「祖訓」，也就是世代相傳集結而來的智慧及祖先所訂立的生活制度與規範。泰雅族服裝上多菱形紋，這個圖騰代表祖靈的眼睛，想想看，連祖靈都穿在身上，不僅可以保護自己，更代表祖靈隨時隨地監視著自己的一舉一動是否違背規矩。因此對泰雅族人來說，祖靈是無所不在的。

部落中最重要的兩件事是打獵與祭祀，因此形成了狩獵團體和祭祀團體的社會組織，同一組織裡的族人共祭、共獵、共負罪責，可說是有福同享，有難同當。組織中的一切行為也都要接受祖靈的約束，族人相信祖靈具有無限權力和神奇力量，如果遵守gaga，祖靈就會保佑族人諸事順利平安；如果行為不當、違逆祖訓，祖靈就會降禍。青年守則中說：「失敗為成功之母」；泰雅族的說法則是「祖靈的試煉才是成功之母」。當來到這個世界時，泰雅族人就自發性的遵守祖先訓示來規範自己的行為，因為沒有文字，所有的祖訓都是透過口語傳遞下來，而口語傳播難免有誤解與誤傳，再加上對祖先的敬畏，就算百思不解、就算不合情理，也容不得有質疑的空間，這有點與過去當兵時長官常說的：「合理的要求是訓練，不合理的要求是磨練」相同，往往使得當我們想去追根究柢，想要了解背後意義的解釋時，就連族人也說不出個所以然來。泰雅精神的最高境界就是死後回到祖靈之家，這個死後的樂園雖然位於舉目可即的大霸尖山，但想步入這座仙境仍必須一生兢兢業業、努力恪遵祖訓。不過自從基督教傳入部落後，gaga對族人的規範也逐漸喪失影響力了。

祭典過程與禁忌

在過去泰雅族的歲時祭儀中，不管獵頭祭、播粟祭、收穫祭、祈雨祭等都有祭祖靈的儀式，日本人來台統治前，並沒有單獨的「祖靈祭」，但在傳統祭祀儀式已經幾乎消失殆盡的今日，祖靈祭反倒成為泰雅族的重要祭典，新式的祖靈祭融入了日本御盆節的文化，外在的慶祝活動也受到其他原住民族豐年祭的影響，原本屬於家族性的祭祀活動，現在衍生成為部落的祭典，雖然本質保留，但活動已轉變為多樣化，包含了豐年、豐收、感恩與掃墓的意味在裡面，這樣的發展固然符合時代潮流，但也令人對文化的流失不勝唏嘘。

祖靈祭的三大內容分別為長老訓示、口述歷史及呼喚祖靈。一般祖靈祭都在七、八月小米收穫後舉行，用意在於將新穀供獻給祖靈。首先由頭目召開會議，全社男子都必須參加並商討出舉辦的時間。祭祀之前必須先狩獵，另外各家也要準備小米黏糕、豬肉與酒，用葉子包好或置於竹筒內再掛於小竹枝上，做為貢獻給祖靈的供品。在天還沒亮時，部落成員集合完畢後，由頭目帶領一同前往祭祀地，並沿途呼喊已逝去的祖先，希望祂們一起來享用。到了祭祀地後，將掛滿祭品的竹枝插在地上，頭目與長老代表族人向祖靈說話。祭祀完畢離開祭祀地時必須越過火堆，代表與祖靈隔離，祭祀的祭品也不能帶回部落，必須當場吃完。回到部落後由長老為大家祈福，並且講述各家族的歷史及傑出人物，讓年輕人可以引以為傲、見賢思齊，並了解自己所肩負的責任使命。之後就可以盡情享用食物與唱歌、跳舞，並且還有射箭、刺魚等傳統技藝競賽，就像是過新年般的熱鬧、歡欣。

泰雅族的祭祀準備期間如果碰到喪事、有人受傷等不好的事情，祖靈祭可能就會因此延後或是停止舉辦。祭祀期間也不能摸生麻或是紡線、織布，儀式舉行時還不得放屁、打噴嚏。現在的祖靈祭對於泰雅族人來說，文化傳承的意義更大，因為在台灣的原住民族中，泰雅族的傳統祭儀流失最為嚴重，因此族人都特別重視，希望藉由活動能讓下一代了解祖靈的意義。

看門道

泰雅族之所以能成為北霸天，不得不歸功於其連結嚴密、共生死的社會組織，而緊緊繫住這個組織的力量就是「gaga」。我們很難用單一的辭彙來解釋gaga，它涵蓋了倫理道德、法律、禁忌、宗教信仰、禮俗等層面，也有人把它解釋為「祖訓」，就是世代相傳集結的智慧，祖先所訂的生活制度規範。泰雅族服裝上多菱形紋，這其實就代表著祖靈的眼睛，想想看，連祖靈都穿在身上，不僅可以保護自己，更代表祖靈隨時隨地監視著自己的一舉一動是否違背規矩。因此對泰雅族來說，祖靈是無所不在的。

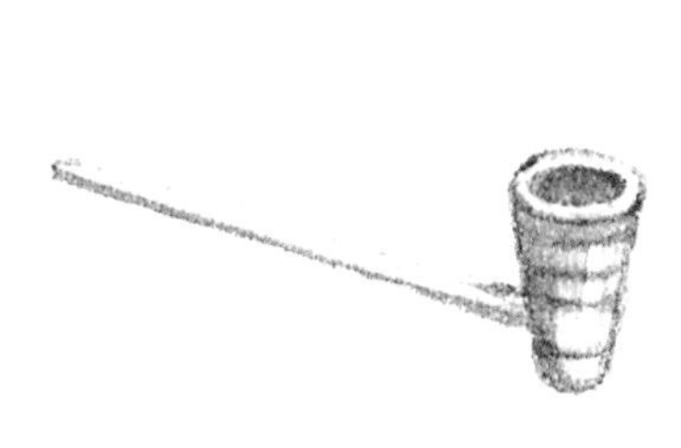

竹製煙斗：族人會以竹節作成煙斗使用

部落中最重要的兩件事是打獵與祭祀，因此形成了狩獵團體和祭祀團體的社會組織，共祭、共獵、共負罪責，可說有福同享，有難同當。組織中的一切行為都要接受祖靈約束，族人相信祖靈具有無限權力和神奇力量，如果遵守gaga，祖靈就會保佑族人諸事順利平安；如果行為不當、違逆祖訓，祖靈就會降禍。

首或首毛髮：出草後會將敵人的毛髮成束，放在刀鞘尾作為裝飾

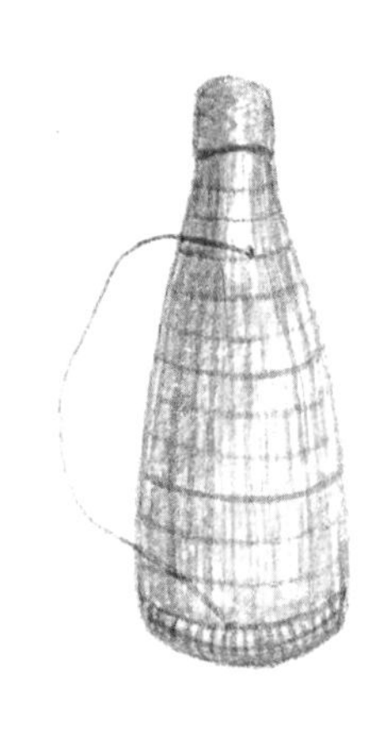

魚筌：以竹子編成的捕魚用具

泰雅族全年慶典

時間	名稱
每年7月	祖靈祭
每年7月	豐年祭

阿美族
豐年祭

太巴塱部落是美好的住地，
不論白天夜晚，東邊西邊風景都很秀麗，
部落山巒是青年砍草狩獵的好地方，
還有青翠的野菜是少女的摘採之地，
部落面向海洋是青年捕魚的好去處，
部落的水塘是少女提水煮飯的地方，
太巴塱部落真是美好的住地。——讚美太巴塱之歌

台灣的原住民名稱，不管叫達悟也好，或是叫泰雅也好，意思都是用自己的語言稱自己為「人」，雖然早期是部落社會，卻也展現了人與萬物間的差異及自我認同感。唯獨阿美族例外，「Amis」一語來自於卑南族語，意思是北方人，因為阿美族分布的區域大致在台東卑南族的北方，兩族一南一北分庭抗禮，所以卑南族人用「Amis」稱呼他們，也就因此延用至今。但因為這樣的稱呼並不正式，所以目前阿美族也已經有人提出以「邦查」（Pangtsah）來取代「阿美」當作族名，而邦查之意也就是阿美族語裡的「人」。

阿美族是目前台灣原住民十四族中人口最多的一族，約有十八萬人，可分為秀姑巒阿美、海岸阿美、卑南阿美與恆春阿美四支系，原本還有南勢阿美，但南勢阿美已正名為撒奇萊雅族，其分布都在花蓮縣與台東縣境內。阿美族人皮膚白皙，相較於其他各族體型也較為高大，因先天優勢的條件也培育出許多運動國手，像是十項全能的古金水、棒球運動的郭源治，還有籃球領域的鄭志龍等傑出運動員。

阿美族是母系繼承制的社會，家族事務是以女性為主體並由女性負責，家族產業的繼承也以家族長女為優先，甚至在早期家族要從倉庫拿出食物的大權都掌握在女性手中。結婚是男子入贅於女方家，要先為女方義務工作幾個月或一、二年，經過家中媽媽點頭答應才算通過考驗。

不過有關部落的大小公共事務，則還是由部落男子所組成的年齡階級負責統籌規畫與執行。嚴密的年齡階級是阿美族的最大特色，男子在十三、四歲時，必須進入集會所接受訓練。二到五歲為一個階級，同階級的男孩一起學習、生活，並住宿於集會所，遇到獎勵或處罰時也是以階級為單位，就像服兵役一樣。只不過當兵只有一段時間，而阿美族的年齡階級制度是一生一世的，直到去世為止，族人間因此而產生的緊密情感也不是外人可以想像的。隨著年齡的增長，男人在部落裡也由從事粗重的勞力工作轉變為提供經驗的耆老角色。

祭典的由來與相關傳說

阿美族人天性喜歡跳舞、熱愛唱歌，據說從來沒有參加過歌舞以娛神的人，死後將不被祖靈所接納，更無法到達身後的樂園。在這樣的背景下，阿美族男女皆熱中歌舞，就連服裝也是以各種鮮豔顏色來搭配出熱情如火的意象。在田野工作時，族人也常會以歌聲來褪去辛勞，遇到祭儀活動，那更是載歌載舞的歡樂。卑南阿美郭英男所唱的老人飲酒歌，曾經登上亞特蘭大奧運會，那渾然天成的歌聲，讓許多外國人驚豔，也讓大家重新認識阿美族。

也因為這個原因，大家對阿美族第一印象就是熱鬧的豐年祭。豐年祭是平地人的稱呼，阿美族依照部落、地域的不同，有馬拉里基（malalikid）、衣利幸（Ilisin）和齊魯馬安（Kilumaan）等不同的叫法，都是指小米收成的意思。相傳是因為古時候遇到連年大旱，作物歉收，各部落頭目商討決議舉行祭祖及祈雨儀式。儀式完成後，果然天降甘霖，於是長老們為了感謝蒼天，每年豐年祭祭典時，要族人放下工作，婦女在家準備米糕食品，男人則到海邊及河川進行漁撈，隨後由頭目帶領祭拜，大家手牽手唱歌起舞，這就是「阿美族豐年祭」的由來。

雖然各部落舉行祭典的時間不盡相同，但都集中在七、八、九這三個月。部落老人家說：以前的豐年祭往往長達兩周，日本人來了之後，怕原住民長時間狂歡鬧事，於是豐年祭變成只剩下七天。像馬太鞍、太巴塱這樣的大部落，現在的豐年祭也已縮減為四天，小部落則可能只有一到兩天。因為現在職場很難請長假，而祭典時連同準備工作的時間往往都得請上一周，很多部落的年輕人為了參加豐年祭往往必須假單和辭呈一起遞給老闆選擇，也造成漢人社會對原住民有只會飲酒作樂的負面印象，卻不了解其背後深層的文化傳承意義。

其實豐年祭有其莊嚴使命，阿美族是只有語言沒有文字的民族，很多的祭典意義都是靠代代口耳相傳才能留下來，但隨著時間久遠，也難免會有誤差。最重要的慶典「豐年祭」的意義非常多元，包括了對祖先懷念的祭儀活動，也對自己辛苦努力一年的成果做個回顧，順便放鬆休息，更重要的是讓未婚男女藉由豐年祭有機會認識彼此，而達成部落的延續。

祭典過程與禁忌

以馬太鞍為例，在現今四天的活動裡，豐年祭分為一天的準備日與三天的活動期。照例會有祈福的典禮，即族人帶著酒、糯米、檳榔與戰袍向神明祭拜並祈求活動順利成功，緊接著會依年齡階級敬老尊賢，以強化倫理觀念。阿美族的豐年祭除了有慶豐收的意義外，更重要的是倫理意識與傳統的傳承。以往阿美族人以嚴密的年齡階層組織抵抗外族、分配部落工作、建立長幼有序的概念，所以在部落裡所有成年男子都會被編入年齡階層的體制中，年長者決策、發號施令，中壯年負責執行及督導，而體力勞動則由青年組擔綱。豐年祭時，青年組都要到會所接受團體訓練，有些部落也將男子的成年禮併入豐年祭活動中舉辦。

之後會舉行一連串競賽，包括傳統歌謠、汲水、捆柴、搗米等傳統技藝。各個年齡組織都會用極短的相聚時間，夜以繼日的練習，為的是追求榮譽。而男生的捆柴及女生的舂米比賽，現在雖然已被其他器具所取代，但藉由這項傳統技藝競賽，能考驗他們的體能，同時也提醒年輕人不要忘本。

重頭戲是在晚間的舞蹈同歡，尤其最後一天的情人之夜，更是族裡男女表達情意的絕佳時刻。阿美族是母系社會，所以是女生挑選男生，女孩子若有喜歡的對象，可以主動上前拉男生身上背著的情人袋，如果男生也有意的話就將情人袋遞給女生背。

如今傳統祭禮受到大量外來文明的干擾及政治污染，在觀光客眼中只是狂歡歌舞慶豐年的習俗而已。在較小的部落，甚至因為人力不足與文化流失，使得豐年祭淪為簡陋版的夜市，盡是些不忍卒睹的烤香腸攤和彈珠台這類漢文化的入侵。還好傳統豐年祭仍在馬太鞍、太巴塱乃至奇美這些部落被完整保存。但還是有不少人把參加豐年祭當作是另類的戶外趴，嫌跳舞跳得不夠high、酒準備的不夠多。原住民朋友對抱持這樣目的而來的人並不歡迎，這是以狹隘的觀點來滿足自己的需求。

很多漢人以為原住民聚在一起就是豐年祭，代表的都是歡樂的氣氛，所以不管參加哪一族的祭典，都是抱著湊熱鬧的心態前往，若是碰到莊嚴的祭典，就往往跟想像有極大的差距。阿美族的祭典雖然稱作豐年祭，但也不是所有過程都開放給外人參加，像是迎靈、宴靈以及送靈都有不同的禁忌，參加時也得遵守。但很多拿著專業相機的攝影者，完全不顧族人的感受，不僅滿場亂竄，也不尊重被拍照者的權利。比方說在豐年祭的競賽過程中，最好的位置一定是留給部落裡的老人，但這些人卻擋住了老人的視線，老人家們當然也就不客氣的用拐杖去戳這些人的屁股。那場景十分有趣，因為被戳的人自知不對，也不能生氣，只好摸摸鼻子以為訓誡，所以如果想要參觀豐年祭就千萬不要當個奧客啊！

看門道

現在部落的年輕人紛紛到都市謀生，年齡階層也面臨空前危機，豐年祭不僅是族人團聚、感恩的日子，年輕人返回部落參加屬於阿美族的節慶，更有世代傳承的意味。年齡階層會有自己的聚會，這是一種心理療傷輔導，把去年不好的事情跟自己最熟識的朋友分享，隨之拋到九霄雲外，也會去探望階層裡的遺

大羽毛冠：成年禮中青年所戴，使用白色羽毛表示尊敬母親之意

孀，不僅在心理或是物質上都給予支持，也算是另類形式的社會照顧。

最精采的是馬太鞍的情人之夜，族人們透過單調重複的動作，以及緩慢低沉的吟唱讓思緒放空，這樣他們才能跟祖靈溝通、才能感受到自然的力量。不過我也曾看到好多觀光客與過路客耐不住一百分鐘的古調吟唱，看不到他們所「想像」的豐年祭，於是駕車離開，希望他們回去後不會因此告訴朋友：「豐年祭一點都不好玩！」不過其實這也說對了，因為豐年祭不是讓人玩的，而是需要用心去體會的。

古調吟唱完後，場中便開始騷動，因為這時女孩子們會把裝滿檳榔與香菸的情人袋交給她中意的男子，如果男方接受的話，便可以隨即享用女方準備的見面禮，並互相交換情人袋為定情信物。年輕男子裸露健美的軀體，女孩們的熱情也為之燃燒，就算是旁觀者，還是可以感受到那種追求異性的原始欲望，以

情人袋：男女雙方的定情之物

及滿場汗水淋漓後的費洛蒙氣味，緊接著族人們就會邀請全體觀眾共同來跳舞同歡。但請記得參加豐年祭不是只為了狂歡，而是能因此親身體驗阿美族的生活與文化，更重要的是當面對異文化時能表現出尊重與理解。

禮帽：祭司舉行儀式所戴的帽子

阿美族全年慶典

時間	名稱
每年5月	海祭
多於6、7月收割季來臨前舉行	捕魚祭
每年7到8月，各部落時間有所差異	豐年祭

魯凱族

小米收穫祭

只要有我在，
樣樣都有我的份，
誰也比不過我的厲害，
只有我一次打山鹿和山豬，
我單槍匹馬，
徒手打了兩頭公山豬。——打獵歌

台灣原住民魯凱族大多分布於屏東縣霧台鄉，其餘在台東縣則有東魯凱的「達魯瑪克」東興部落，而高雄市茂林區也有少數魯凱族人，全台魯凱族總人口約一萬人左右。

日據時代時，日人曾經將魯凱族視為排灣族的一支，因為魯凱族與北排灣拉瓦爾亞群地緣非常接近，而且在服裝、文化、藝術上皆有相近之處，一時之間真的很難區分，不過這兩族間還是有所差異。像是排灣族有五年祭，但魯凱族沒有這個祭典，因為傳說曾有魯凱族部落模仿排灣族舉行五年祭，結果反而造成許多族人死亡，之後魯凱族便再也不敢舉辦五年祭了；另外，排灣族的繼承制度是「長嗣繼承」，不論男女都能承襲，但魯凱族則為「長男繼承」，只有男生才有權利繼承；魯凱族的埋葬方式是側身葬或直立葬，排灣族則為蹲屈肢葬，因此還是被視為兩個不同的族群。

和排灣族一樣，魯凱族也有嚴密的社會階級，共分成頭目、貴族、勇士、平民四個階級。頭目享有許多特權，包括擁有珠繡的服裝；擁有部落的土地，可將土地分租給平民；平民有向頭目納稅的義務，不過納的稅是物品而非金錢。魯凱族也稱得上是萬萬稅的族群，舉凡如上山採野花、山果都要繳納部分所得；結婚時必須送頭目禮物；頭目家有婚喪喜慶大事，平民也要出工服務。

雖然魯凱族頭目看來過得挺安逸，不過身為頭目並不會全拿這些貢品，而是再將貢賦分配給需要救濟的平民，以達到部落的財富均分，這也算是另一種形式的社會救助系統。不過魯凱族的這個傳統在日據時代開始瓦解，因為日本政府將土地收為國有，並且禁止族人納稅給頭目，使得原本不事生產的頭目必須將土地與珍貴器物轉賣給平民以維持生活，貴族與平民間的界線因此變得模糊難辨。

不管時代再怎麼變遷，對於魯凱族人來說，象徵族群神聖高貴精神、代表部落秩序倫理的百合花始終飄香。台灣特有種——台灣百合是魯凱族族花，對男性來說，佩戴百合花是顯現狩獵功績與英勇的能力，必須要累積獵到五隻山豬才能佩戴；而百合花對女性的意義更是重要，因為它是良好婦德操守的標誌，代表婚前的純潔堅貞。族人為了能配戴上百合花，並因此在部落裡取得族人的敬重，當然就會對自己的行為有所約束。若是沒有達到標準而自行佩戴百合花，部落頭目就會當眾拔掉他的百合花。而從百合花佩戴的方式也看得出階級地位，頭目頭上的百合花朝向正前方，平民則只能朝向兩側。

祭典的由來與相關傳說

和許多其他的台灣原住民族一樣，小米也被魯凱族認為是天神所賜與的作物，魯凱族人的生活與歲時祭儀也是依照小米的生長周期循環運作。魯凱族的小米傳說裡述說著祖先從「地下部落」將小米種子藏在生殖器裡偷偷帶出，並開始在地上種植的過程。傳說裡也有著跟賽德克族相似的說法：原本只要一顆小米粒就可以煮出滿滿一鍋小米飯，但是有位族人懶惰一次煮了一束小米穗，因為違反飲食常規，使得小米溢滿整個家屋，許多人更因此被熱騰騰的小米飯擠壓燙死，其他的人也變成了猴子。傳說無論真假，都是在告誡族人要腳踏實地，不要妄想一步登天，更隱含著珍惜食物的觀念。

以往小米收穫祭大約在八月份舉行，因為這是舊年度的終止，也是新年度的開端。如今小米消失，慶典也轉型成綜合祭祀的豐年祭，感恩的意義仍然存在，但從播種日開始，歷經求雨、驅蟲、防鳥、除草、收穫前與收穫後的繁複祭儀卻已不在，就像一個人只留下軀殼，但靈魂消失，這大概也是在觀察原住民的祭儀時最大的感嘆與遺憾吧！豐年祭的主要意義為每年農作物收成後的祭祀活動，用以感謝老天爺讓農作物豐收，並祈求上天賜予平安，另外打獵、農耕用具也是祭祀的對象，這是一種綜合性的祭典。

祭典過程與禁忌

屏東縣霧台鄉每年的豐年祭大約在八月十五日前後，以往個別舉行的豐年祭現在多為聯合舉辦。過去豐年祭最長曾為期四十天，不過現今因轉變為工商業生活的關係，已經縮短時程為兩、三天，儀式內容當然也就被簡化了，現在的豐年祭其象徵意義已大於實質作為。

豐年祭儀式以迎靈揭開序幕，舉行家祭時由家中年長者擔任主祭。祭祀過程中要保持嚴肅的心情，禁止打噴嚏、放屁、不可與陌生人打招呼、不可聽到不吉利的蟲鳴聲，家祭的目的在於祈求祖靈庇佑族人。

另一個重要的儀式是烤小米餅，這是利用烤小米的方式來占卜來年農作物及狩獵是否豐收，而儀式只限男性參加。儀式過程是族人帶著磨好的小米糰到村外，以石板加熱後，把小米糰分為大、小二糰並蓋上香蕉葉，上面再以石板壓住。大的小米餅分給參與者帶回家，小的稱為「聖餅」，是重要的祭品。最後主祭者小心翼翼地打開聖餅，如果聖餅完整無缺又香又熟，就象徵未來一年平安、豐收；沒有烤熟的話象徵未來將受風災或水災；烤焦則代表未來會有乾旱；烤熟但有蟲子飛進去表示未來一年族人可能會有嚴重的疾病。接著就進行一連串的歌舞表演、鞦韆大賽、拋物比賽、百米賽跑、男子負重比賽、搗穀比賽等。部落男女皆盛裝出席，佩戴各種裝飾品，成群結隊享受屬於部落同歡的日子，跳舞的人手拉手圍成圓圈，顯現出歡樂的氣氛與團結的景象。

看門道

豐年祭除了在於傳承部落文化外，也是族裡年輕男女互相認識的場合，其中最受矚目的就是傳達男女情意的盪鞦韆活動，但只有女生可以盪鞦韆，男性則是負責搭設鞦韆以及擺動鞦韆。

鞦韆是以四根長竹竿做為骨架，中間垂下長長的繩索，繩索末端環繞成一個圓圈，女孩兩腳合併踏在圓圈內用力盪高，男子則在旁助她一臂之力，女孩就像是空中飛人一樣盪得很高但是臉上毫無懼色，也許

陶壺：外面有百步蛇圖案，是族人聖物

這就是考驗彼此之間的信任度吧！當女孩子在盪鞦韆時，其他人就在周圍圍成圓圈唱歌跳舞，盪得愈高，歌舞便愈高亢。

結過婚的婦女或是風評不好的女孩都不能盪鞦韆，在早期盪鞦韆是頭目家女性的特權，通常於婚禮時舉行。但是每年舉行豐年祭時，頭目會將盪鞦韆這項特權與族人分享，不但慰勞族人的辛勞，也提供青年男女有接觸的機會。

在台灣的各個原住民族裡，魯凱族的服飾算是十分醒目的，因為是用了數種材料縫繡而成。魯凱族的豐年祭就像是漢人的過年，過新年時當然要把最好的衣服穿在身上，所以這也是欣賞族人美麗服飾的最佳時刻。魯凱族的服飾底色大致為藍、黑、綠三種顏色，圖紋以橘紅、黃、綠來做搭配，但有特殊圖紋的服飾，像是百步蛇紋、太陽、陶壺紋只有頭目才能穿戴，其餘靠著族人自己的創意也能變出各種花樣，人

男性禮帽：前方以山豬牙作成太陽造型

頭紋或幾何圖形構成的圖案同樣十分繁複美麗。

族人頭上的頭飾也是觀察重點，有用動物角、山豬或山羌牙做成的頭飾，也有將銀製品或貝殼縫在帽子上，還有用雛菊、植物果實、檳榔、奇花異草編成的花冠。魯凱族相信百步蛇會愈來愈胖，最後變成老鷹，因為老鷹羽毛上的花紋與百步蛇花紋如出一轍，所以這些百步蛇的子民都以頭飾插上老鷹羽毛為最高榮譽。編織技巧也是魯凱族婦女必備的技能，不同的頭飾及植物材料，各有不同的處理方法。族人憑著自己的巧手與天分，創造出與眾不同的頭飾，沒有一個重複，營造出魯凱族文化的美感與豐富度。

項鍊：以琉璃珠與貝殼交替編成

魯凱族全年慶典

時間	名稱
每年3月或4月	買沙呼魯祭
每年8月15日	小米收穫祭（豐年祭）
每年11月多納村舉行	黑米祭

邵族
祖靈祭

敲啊敲啊敲杵啊！
敲杵來紀念過去，
歌聲唱出思家懷鄉情，
可愛故鄉如今何在？
杵歌聲聲響，
響遍各處盡情歌唱，
唱出我們新希望。——杵歌

Chiang'11

邵族世代居住在南投日月潭邊，以前總被歸在鄒族中，直到西元二〇〇一年才被官方正式認定成為第十族，是目前台灣原住民族中人口最少的一支，人數不足三百人，而且漢化較早較深。在清朝統治初期，漢人就不斷侵墾邵族的生活領域，再加上不同族群的接觸，族人對外來的疾病、瘟疫沒有抵抗能力，導致在十八世紀末人口急遽縮減。到了西元一九一九年日本人在日月潭興建發電廠，許多邵族部落因此被淹沒，日本人於是將族人遷移到今天的德化社，再加上光復後大量漢人移入日月潭經商、發展觀光，自此而來的土地與文化流失到現在仍然沒有結束，其中以語言的失傳最嚴重，因為邵族人現在幾乎都是以台語來溝通。

之所以會在早期被列為鄒族的一支，是因為相傳邵族祖先原本也是居住在阿里山。有一天族人追捕一隻體型俊美的大白鹿，一邊追捕一邊在樹上削下樹皮做路標，最後追到日月潭，白鹿終究因走投無路被獵到，其紅色的血與內臟引來湖裡的魚群，邵族長老於是捕魚來吃，因而發現日月潭裡的魚十分美味，於是循著削下的樹皮記號把部落的人帶來，從此就在日月潭定居下來了。

不過也有一說是白鹿並沒有被獵人追捕到，而是變成一株茄苳樹，茄苳樹所在的拉魯島，也是邵族人最早聚居的地方，當然當時的拉魯島並不是現在的樣子。西元一九九九年的九二一地震之後，拉魯島幾乎全毀，它的命運似乎與邵族人一樣漸漸走向衰微。拉魯島是邵族祖靈的住所，當然也是心靈聖地，邵族最為著名的祖靈籃（wulaluwan），也就是拉魯島（Lalu）名稱的由來。

由於生活在日月潭邊，邵族也以漁撈為生，獨木舟與四方手網都是極具特色的工具。他們對造船十分重視，獨木舟是以一整塊樟木製成，先用火將木頭的中心部位燒至碳化，然後再刨空，船身因木材的關係有大有小，可作為交通或漁撈之用。

頭人制度是邵族特有的社會階級制度，職位採取世襲，如果沒有兒子再傳給弟弟或是養子，頭人就是氏族的族長，戰爭時領導作戰，平時則是仲裁紛爭的角色，不過受到現今社會的政治制度與選舉文化影響，頭人現在只剩下單純的祭祀功能。

祭典的由來與相關傳說

現在來到日月潭，做生意的商家為了凸顯此地的文化特色，有些會刻意穿上原住民傳統服飾，若是沒有特別說明，其實也不見得能分得出漢人與邵族人的差別。商業與觀光已是這裡的主要經濟來源，然而愈是發展卻愈是看到一些山寨版的文化正慢慢消蝕正統文化。真正的差別其實是在信仰上，不過這也很難窺見，即使面臨極深的漢化，邵族還是相信他們的祖靈無時無刻不在身旁，庇佑他們平安健康，生活上能化險為夷。

邵族的最高祖靈pacalar居住在拉魯島的大茄苳樹上，是最具權威的神，其能驅除惡靈，是女祭司求巫的祖師。邵族每戶人家都有一只「祖靈籃」，一般通稱為「公媽籃」，裡面裝著祖先遺留下來的衣飾，不可以隨便拿出來，以代表祖靈存在，不過遇到分家的時候，公媽籃中的衣服也會成為分割的最重要對象。早期多半掛在自家的牆壁上，但受到漢文化的影響，如今多放在供桌上，旁邊也許也還有其他祭拜的神明，形成風格迴異卻又融合的景觀。

公媽籃是邵族宗教信仰的核心，凡是族中的重要祭儀，都以公媽籃為供奉對象，祭拜時族人會備酒、飯、糕等獻品，用以祈告祖靈。這種敬祀祖靈的「公媽籃」方式，是在台灣其他原住民族群裡都看不到的，這也是邵族得以在台灣原住民族群中獨立出一族的最主要特徵。

我們也許會覺得這樣的習俗真是令人難以理解，但其實公媽籃就像是漢人的神主牌，只不過神主牌上是寫著「顯考某某公」或「顯妣某某夫人」等字，而公媽籃則是放祖先穿過的衣服。由此看來，慎終追遠、孝順祖先的傳統美德可是不分族群的。

據說公媽籃的由來是邵族人剛到拉魯島定居的時候，頭人的妻子懷孕，卻生下一白一黑的雙胞胎，族人認為這是非常不吉利的事情，於是頭人就把黑嬰兒丟到潭中淹死。夜裡黑嬰來託夢，告訴頭人全族的每戶人家都必須準備一個籃子，裡頭要放祖先的衣服，作為祖先魂魄的住所，並且要不時供奉，否則就會大禍臨頭。族人得知後便遵照夢境去做，自此之後部落裡也都相安無事，於是祖靈籃便成為族人祭禱告祐的對象。

祭典過程與禁忌

邵族的祭典中，以「豐年祭」的歷時最久、規模最大，祭典期間每一位邵族人都會回到日月潭。從農曆八月一日起，活動長達二十天，就像漢人的過年一般，儀式包括舂石音、開祭儀式、除穢儀式、飲公酒、狩獵祭、甜酒祭、蓋祖靈屋、迎祖靈出巡、迎日月盾牌、拆除祖靈屋等。整個過程中最重要的儀式就是對祖靈的祭拜，因此也有人稱邵族的祭典為祖靈祭。

八月一日是新年的第一天，依傳統不能食用鹽巴，原因是以往鹽不易取得，為了感念祖先的辛苦，所以不吃鹽；但也有人說，不吃鹽是為了替上山打獵的親人們祈福，祈禱家人平安歸來。這一天先生媽會念祈禱詞，請祖靈們來吃飯喝酒，保佑族人平安健康。

部落男子則要聚集到毛姓氏族的家中，進行除穢儀式。手拿沾著酒糟的山棕葉，刷過每個男子的手臂，口中念著祭詞，為他們除去在山上狩獵時所沾染的穢氣，並且選出今年的爐主，也就是主祭。而八月三日的主要儀式是象徵成年禮的「鑿齒」，無論男女都要敲掉上下兩邊的犬齒。至於為何要鑿齒？其實這是部落社會的毀體裝飾，族人覺得這樣比較美麗，這個儀式就像是現今文明社會中，會有穿耳洞、刺青等毀體裝飾的行為一樣。也有一說是代表成年了可以抽菸，敲掉犬齒是為了方便咬煙斗。但現在邵族人已經不再鑿齒了，只會在儀式中做個象徵性的動作。

八月四日則要用竹子、籐與茅草搭蓋「祖靈屋」，蓋好之後全族所有的祖靈籃都要放在屋前以ㄇ字型排列祭祀。先生媽會請祖靈進到祖靈屋裡，然後放一甕酒給祖靈飲用；還要設置火爐，每晚都要燃燒炭火讓祖靈取暖；並且掛置毛毯等物品供祖靈使用。在整個祭典期間，祖靈都會在祖靈屋中與族人一同歡樂。完成祖靈屋之後，邵族平時不能吟唱的過年歌舞，前半部分就可解禁，後半部則要等

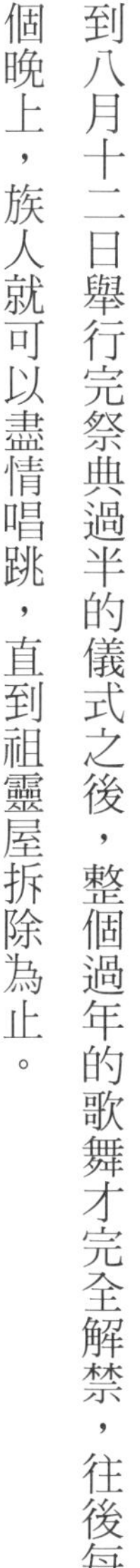

到八月十二日舉行完祭典過半的儀式之後，整個過年的歌舞才完全解禁，往後每個晚上，族人就可以盡情唱跳，直到祖靈屋拆除為止。

祖靈屋內是個神聖的環境，只有邵族人才能進去，但懷孕的婦女不得進入，也不能嬉笑怒罵，在屋內屋外都不能放屁和打噴嚏，否則褻瀆祖靈會有不好的事情發生。

佩刀：刀是原住民不可或缺的用具

看門道

豐年祭的前奏是由七月三十一日晚上的春石音揭開序幕，「湖上杵音」也曾是台灣八景之一。據說杵音是早期邵族婦女在搗稻穗時，發現石杵與石塊發出此起彼落的聲音頗具音感而產生。族人在頭人家前春石音，杵的長短粗細各有不同，敲在半埋入地面的石頭上才會有不同的音階，旁邊則有族人拿著長短不一的竹筒擊地附和，這個儀式是迎接新年來臨的前奏。以前春石音是婦女的專利，男人則要在部落附近的要道守衛，不過現在已經不按照古例，男女族人都可以來敲擊。

農曆八月十二日以後，日月盾牌會被供奉在祖靈屋中。傳說日月盾牌是與布農族作戰時，拿來抵擋弓箭的寶物，在平時不具法力，因為祖靈都散居在別的地方，但這天放在祖靈屋內，就會被賦予靈力，成為最高祖靈的象徵，爐主會拿著盾牌到每戶人家中去穢除邪，而每戶也要竭盡所能準備豐盛的食物款待族人，不僅達到消災祈福以及追念祖靈的目的，更能達到敦親睦鄰的效果。

而負責祭祀公媽籃的是「先生媽」，要成為一位稱職的先生媽，除了自己的意願外，也必須當過豐年祭的爐主，並且受到族人推崇。除了豐年祭，舉凡婚喪喜慶、成年禮、蓋房子、造船都要由先生媽來舉行祭儀，他是邵族主要文化傳承者之一，也是邵族宗教生活的支柱。

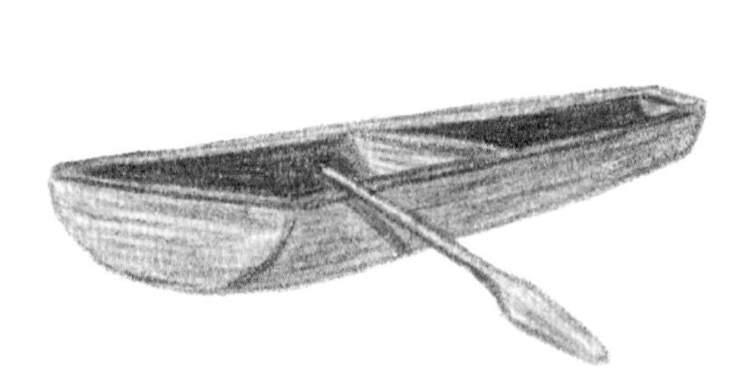

獨木舟：通常以樟木整棵刨空製成，操控性佳

祖靈籃：邵族最知名的藤製編器

邵族全年慶典

時間	名稱
每年農曆3月1日	播種祭
每年農曆7月3日	拜鰻祭
每年農曆8月	祖靈祭（豐年祭）

排灣族

五年祭

五年祭日子到了，
恭迎神靈下凡來，
請賜與我們豐富的獵物慶祝，
效法祖靈英勇的事蹟，
請神靈來人間觀看刺球，
請至高無上的神下凡參加五年祭。——呼喚神靈

中央山脈由北到南縱貫台灣，我們若說泰雅族是北部的山大王，那麼在南部雄踞山林的就是排灣族了。排灣族若以族群來區分，可分為兩大系統：拉瓦爾亞群（Raval）和布曹爾亞群（Vutsul），這二群大致上是以隘寮溪為分界；若按照居住區域分，可分為北、中、南、東，北排灣是拉瓦爾亞群為主，其他則屬於布曹爾亞群。

排灣族人身材短小精幹，適合在多樹的山林裡活動，若是長得太高，很容易在追捕獵物時撞到樹枝，這是從物競天擇的角度而來的笑話，不過也反映了排灣族人長期居住在這片山林裡的適應力。族人因自己皮膚黝黑而自嘲的說，排灣族人吃巧克力時會咬到自己的手，因為皮膚跟巧克力一樣黑，當然這也是他們自娛娛人的笑話，由此可看出他們開朗的本質。

排灣族的姓名既非從母姓，也非從父姓，而是十分特別的家宅連名制。一旦有人成立新家庭，族裡的長輩就會給新家庭一個新名字，家宅名既表明居住的地方，也標示所屬的階級與地位，和漢人姓氏代表的意義完全不一樣，充其量只是個戶籍名詞罷了。因此不同戶卻同姓的人，不代表他們之間有親戚關係。要搞清楚誰是誰的後代，要由每戶家中都立有的木雕或石雕祖靈柱來看，雖然祖靈柱看起來都大同小異，但族人確實能從祖靈柱上的特徵來作區分、辨別。

在改變台灣命運的牡丹社事件中，事件主角就是居住在今日屏東縣牡丹鄉高士佛社的排灣族人，他們因為殺害了來自琉球宮古島的漁民，因此引起日本以「保民義舉」為藉口出兵，此一事件不僅讓清朝派出沈葆楨來積極治理台灣，也加速後來台灣的建省步伐，更暴露出日本侵台的野心，可見牡丹社事件與台灣近代歷史息息相關。

祭典的由來與相關傳說

在排灣族的創世神話中，太陽、陶壺、百步蛇都是重要的圖騰，因為相傳太陽在陶壺裡生了兩顆蛋，蛋受到陽光的照射與百步蛇環抱陶壺後孵化，而誕生了排灣族人的祖先。

排灣族人對百步蛇的崇拜展現在生活中的許多細節裡，除了日常用品的花紋裝飾外，像是早期族人習慣在頭上纏布以方便頂物，據說就是由百步蛇得到的靈感；早期排灣族人的傳統石板家屋屋頂容易漏雨，據說也是百步蛇託夢給族人，教導族人將原本水平置放的屋頂改為仿效蛇身上的鱗片層層排列，屋頂從此不再漏水。

許多人質疑為何要把毒蛇當作自己的祖先？其實這是早期人類對於自然的敬畏轉化為崇拜，希望自己也能像百步蛇般具有威力的心理投射，因此排灣族的祖靈像有許多都是人蛇合體的形象。這也是生活中的正向思考，排灣族不把企鵝或北極熊當作祖先，是因為這些在他們的生活環境中並不存在。而既然每天都會看見百步蛇，與其把牠當成惡物，不如賦予吉利的表徵，這就像是日本人對烏鴉的觀感和我們文化中的認知是截然不同的。族人也認為五年內若是家中沒有百步蛇進入，代表有凶兆即將發生；而對我們來說，沒有百步蛇進入家裡才是值得慶幸的事。

排灣族的祭典很多，但因重視祖先的傳統使得其中最盛大的祭典當屬以部落為單位所舉辦的五年祭（Maleveq），因為這是象徵部落族人與祖先神明的誓約，但並非所有的排灣族部落皆會舉辦五年祭，而是只有布曹爾亞群會舉辦，像是屏東來義、春日以及台東達仁的部落都會舉辦。

五年祭的由來眾說紛紜，不同的部落有不同的說法。據說排灣族崇拜鼻祖、山、河、財、祖先五種神明，這些居住在北大武山的祖靈，每隔五年就要出巡一次，到各個部落查看子孫們的生活情形，來決定是給予懲罰或是施予援助。因此在祖靈出巡時，各部落必須以盛大的禮儀來迎接，以祈求狩獵與農作物豐收、家家戶戶都能平安。而祖靈則依照部落開墾的先後順序以及對祖靈的虔誠與否，依序降臨造訪，也因此造就了五年祭有不同的時間與祭祀儀式。

祭典過程與禁忌

在進行五年祭前，必須先召開籌備會議，經過長老與祭司共同討論出時間後，再將結論藉由巫師報告給祖靈，希望祂們能共襄盛舉，緊接著就是緊鑼密鼓的準備工作，誰也不敢怠慢。

早年祭期可長達半個月，現在則為二到五天不等。整個過程可大致分為「前祭」、「刺球祭」和「送神儀式」。族人都要盛裝參與儀式典禮以娛祖靈，而殺豬祭拜是最隆重的祭品，五年祭時一定要用豬的脊椎骨來祭祀，因為脊椎骨支撐身體，象徵祭儀會很順利。同時也必須將祖靈必經之路整理填平，讓祖靈能夠安心舒適的歸來。貴族與族人還須先做好藤球、刺球竿、立刺球架，以迎接刺球祭的到來。

五年祭的儀式過程包括了喚醒與招請祖靈、驅逐惡靈、娛靈讓祖靈愉悅以及歡送祖靈等幾個階段。五年祭第一天，全族朝北大武山方向大聲呼請祖靈，然後在各自屋內祭拜。族人亦會繞圈跳舞、歌唱，據說這樣的連環舞，也是源自於百步蛇的概念，更有表現給惡靈觀看，顯示族人生活幸福快樂，請不要來打擾、破壞的含意。

每到五年祭的祭儀活動開始，族人都會警惕自己不可觸犯禁忌，包含在祭儀期間生活上的規範及儀式進行時的舉止。例如：絕不可吃白米飯，因為稻米是外來的東西，應以祖先傳下來的小米、番薯、芋頭等雜糧為主食；出外時應儘量避免穿著光鮮亮麗的服飾；不可上山打獵、捕魚。儀式進行時不可打噴嚏，不可說不潔的話；女人和家中有身孕者或正在守喪者，嚴禁觸摸祭儀用的任何器具，其丈夫及家屋內任何一個男子更不可持竿。

看門道

五年祭的核心儀式在於「刺球」，首先要製作刺球的竹竿，這些竹子不是隨意亂砍來的，族人會根據不同位置的功能，選擇適合的竹材，像是當主幹用的話要選擇長且直的麻竹或刺竹；上端處則選擇具有彈性、較細長的長枝竹或孟宗竹。竹子需在訂好的時間由頭目和巫師拜祭後才能砍伐，砍回來的竹子放在部落數天後，經過烘烤整直後，以榫接方式將竹子連接在一起，再用黃藤當套環固定以增加長度，刺球竿的長度可達十五公尺以上。而刺球者因身分尊卑，其手中所持的刺球竿也會有等級差別，像是頭目或貴族的刺球竿可以加長，且可在竹子上加繪象徵百步蛇的黑白條紋，或是在尾端繫上老鷹羽毛、銅鈴等等飾品，刺球竿尖端的刺針也較多。

在我們看來竹竿長的、刺針多的簡直占盡優勢，在先天上根本就不公平。不過這樣的儀式並沒有爭得你死我活的競賽性質在裡頭，只是藉由人神共娛的活動，凝聚族人的情感，以促成彼此的團結與和諧。儀式中刺中的人就退出場地，沒有刺到的就繼續刺，直到每個人都刺中目標獲得祖靈的庇佑，活動才算結束，所以當然也就沒有什麼公不公平的問題存在。

連杯：整塊木頭雕刻而成，在結婚與慶典中表示愛情與友好使用

刺球是由葛藤蔓或是相思樹皮扎實纏繞而成，為了方便拋到空中，留有一條小尾巴，據說這是象徵有長辮子的人頭，排灣族以前也有出草砍人頭的習俗，只有獵過首級的人才能參與刺球的儀式。早年的刺球還會分吉球和凶球，隱含著未來命運的預測，不過現在的刺球則已演變為眾人爭取福分的活動，失去了神祕的占卜意味。

刺球活動開始前，祭司會把用血桐包裹的專用祭球往上拋，再用短祭竿刺，動作重複三次。手持十多公尺長竹竿的勇士爭相要刺中藤球，這不僅需要高超技巧，更要有幸運之神的眷顧。每當有人刺中藤球，現場會立即響起一陣熱烈的掌聲，頭目也會獻上小米酒為之喝采，不管旁觀者或參與者，都能感受到熱烈的氣氛。刺球儀式結束後，眾人會立刻砍斷祭竿，拆除座架，結束整個刺球活動。因為族人認為此時惡靈會趁機進入祭場，應用最快的速度將刺到的祭球和祭

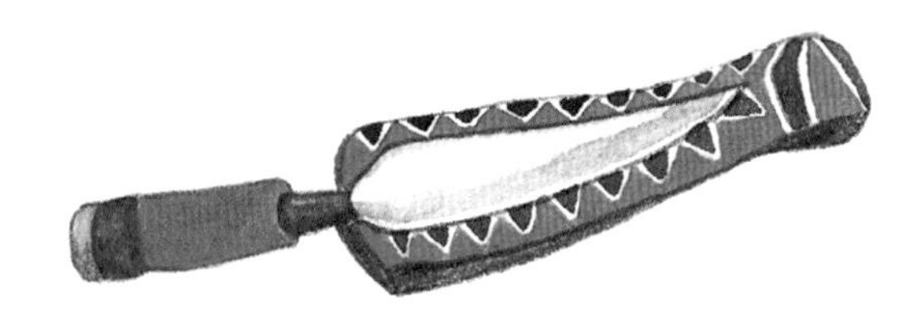

佩刀：刀鞘上刻有百步蛇的花紋

竿帶回。

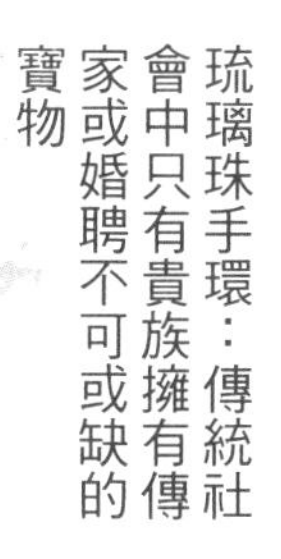

琉璃珠手環：傳統社會中只有貴族擁有傳家或婚聘不可或缺的寶物

排灣族全年慶典

時間	名稱
每年4月	毛蟹祭
每年7月	祖靈祭
8～10月	豐年祭
每5年的11～12月舉辦	五年祭

賽夏族

矮靈祭

諸神謝謝你們遠道來祝福我們，
我們深深感謝你的祝福，
現在請你們排隊沿著河，
順著來路回，
帶著那藤杖回去，
帶著我們的感謝回去。——送神歌

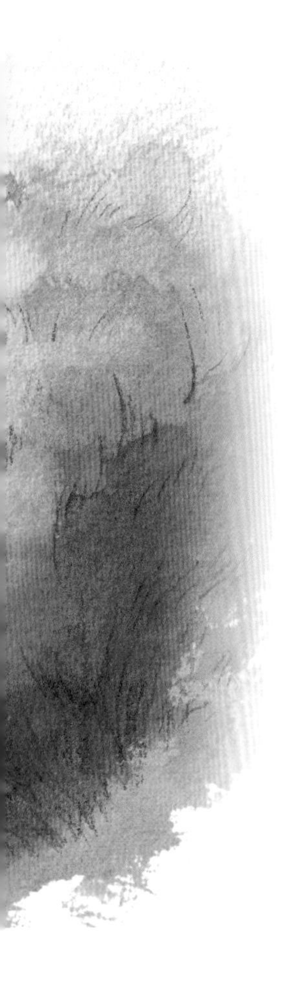

賽夏族居住在新竹縣五峰鄉與苗栗縣南庄鄉、獅潭鄉一帶，人口約六千多人，從人數上來看，算是比較小的族群，而且文化上受鄰近的泰雅族影響很大，一般我們將新竹的賽夏族人稱為北賽夏，苗栗的則稱為南賽夏。賽夏族被列為台灣原住民族群之一的歷史也較其他族晚，西元一八九九年日本人類學者伊能嘉矩把台灣平埔族以外的原住民族群分為八族，賽夏族被視為道卡斯平埔族的一支，直到西元一九一一年，台灣總督府理蕃科才將其列入九族之一。

賽夏族的創始神話相當有趣，傳說是居住在「聖山」大霸尖山的一對兄妹結婚後，因為只生一個小孩，覺得人丁單薄，於是將小孩切成肉塊後，丟到水裡衍生出更多的小孩，他們就成了賽夏族的祖先。而一個肉塊就是一個賽夏族姓氏的起源，因此賽夏族有很多姓氏，其中較特別的有十八個。例如「日」姓族人是神話中射日英雄的後裔；「豆」姓則源自於落花生，是軍事統帥的後裔；而「風」姓的先祖是風；「芎」姓則是居住在九芎林的族人，還有「狐」、「樟」、「蟬」等姓氏，由賽夏族的姓氏可看出其與大自然緊密的關係，不過清代朝廷賜給賽夏族漢姓之後，傳統的姓氏就有所變化了。

祭典的由來與相關傳說

台灣到底從什麼時候開始有人居住？原住民是最早居住在台灣的住民嗎？這些問題始終爭論不休。從現在的史料來看，我們只能說原住民是台灣現存最早的住民，因為在賽夏族的傳說中，曾有一群身高大約一百到一百二十公分之間的矮黑人，他們擅長耕種與舞蹈，教導早期以漁獵為主的賽夏族種植，讓賽夏族的農地每年都能有相當豐碩的收穫，也會在雙方祭典時互邀同樂，算得上是賽夏族的大恩人。這群矮黑人可能比原住民更早就居住在台灣，不過到目前為止，尚未有考古的證據佐證。但在東南亞真的有這種個子矮，且至今仍然過著新石器時代生活的部落民族，因此有人大膽推測，他們跟台灣當年的矮黑人可能有血緣上的關係。

矮黑人的傳說不僅在賽夏族的口述歷史中出現過，也曾出現在邵族、排灣族等其他族群的口述歷史中，但唯有賽夏族會為矮黑人舉行祭祀儀式，這就是賽夏族著名的矮靈祭：巴斯達隘（pastaai）。矮靈祭的由來是因為一場屠殺，原本矮黑人與賽夏族的關係十分良好，但矮黑人習慣不好，時常調戲賽夏族婦女，在雙方數度溝通無效，又忍無可忍的情況下，賽夏族人便在兩族的交界以山枇杷樹搭

成的吊橋上動手腳，不知情的矮黑人因此在過橋時全數摔落懸崖而死。但不知道是不是矮黑人的怨靈作祟，自此賽夏族部落裡的農作物年年歉收。為了慰祭矮靈，也對自己的行為表示悔恨，賽夏族人於是將矮黑人的歌舞融入收穫祭中，而成為了今日的矮靈祭。

對賽夏族人來講，殺害矮黑人這事死無對證，再加上在當時殺人不見得會有法律的制裁，其實大可放心安穩的過日子。但畢竟矮黑人對賽夏族有恩在先，良心的譴責令他們寢食難安，因此族人透過儀式一次又一次的表示懺悔、反省，也透過儀式形塑神聖的社會秩序，這對泛靈信仰的族人來說十分重要，因為對矮靈的謹慎、懼怕，所以衍生出傳統文化中對自己的行為會有所檢討，這樣的態度內化到日常生活當中，就變成維繫部落秩序的無形準則。傳說不見得真實，但矮靈祭對族人來說可是再真實也不過了，這也說明了早期部落社會就是一個物競天擇的生態圈，不但要跟天爭食，還得跟敵人拚生存的機會。

祭典過程與禁忌

矮靈祭每兩年一小祭，每十年一大祭。從收穫祭演變而來的矮靈祭，是在收

成後的月圓前後舉行，時間大約在農曆十月中旬，為期四天三夜，北賽夏的舉行地點在新竹縣五峰鄉大隘村，而南賽夏則在苗栗縣南庄鄉向天湖。通常儀式是在傍晚開始，接著便通宵達旦直到第二天太陽升起，所以要全程參與得有熬夜的心理準備。這也是賽夏族人向心力凝聚的時刻，不管身在何方，族人們都會想盡辦法回到故鄉參與祭典。

矮靈祭的儀式分為前、中、後三個階段，前期包括結草約期、繫芒草辟邪、長老會議、氏族編組、練唱祭歌、南北祭團會合、告靈、迎神等步驟；中期為祭典進行，包括迎靈、延靈、娛靈、逐靈、送靈；後期有飲聚慰勞、送行、答謝宴。在祭典籌備期間的一、二個月中，是孩子們最高興的時刻，因為據說矮靈怕吵，所以部落裡會避免爭吵、打罵，以免褻瀆矮靈。雖然過程是肅穆神聖的，但對小孩子來說，心情應該就像是在過新年一樣的開心吧！

祭典中除了娛靈這一段允許外人參觀外，其他儀式是不容許外族參加的，所以要一窺堂奧並不容易，只能從族人的描述中得知一二。而為什麼惟獨娛靈儀式可以讓外族人參加呢？因為這段儀式是為了娛悅矮靈，希望能藉此消除舊恨、重修舊好，也象徵族人能歡愉地走向富足，而對賽夏族人來說外族遊客就象徵矮靈，所以才能與族人共舞。其實被當成矮靈也沒關係，看著來自四面八方的族人

手牽著手，和著長老唱出的祭歌，踏著螺旋狀的圓圈舞步，讓人看到團結在一起的心靈力量，這是矮靈祭對族人的另一項意義，對我們也有所震撼。

隨著人口減少，傳統的維持也面臨極大挑戰。很多遊客不了解矮靈祭神聖莊嚴的意義，抱著參加豐年祭的歡樂氣氛前來，卻沒想到舞蹈都是簡單的踏步，音樂吟唱也是十分單調的重複幾段音節，多半會失望而歸，因為這完全不是遊客心中所想像的模樣。但若能了解歌詞意涵，就會發現當中蘊含的意義十分深遠。像是迎靈中的祭歌「山柿之韻」歌詞中寫著：「招請矮人祖妣，矮靈請來，我們供奉晚餐給您，我們薦給您的是Rolo魚與菜餚，這是以前我們結繩約定好的。」顯現了重然諾不忘本的特質。

就像是漢人超渡亡魂一樣，與另一個不同世界連繫時，除了抱持敬畏之心外，還有許多禁忌，唯有遵守禁忌，才能避免矮靈附體，以祈求生活平安。在祭典期間，所有的矮黑人都會回來，並監視著族人的一舉一動，所以言行舉止都要嚴加注意，以免遭到矮靈懲罰。舉行祭典時也必須由朱姓氏族主祭，因為傳說當年想出害死矮黑人點子的，就是朱氏一族，也有一說是矮黑人在傳授歌舞給原本不擅歌舞的賽夏族人時，朱氏一族的學習成果最佳。而在平常非祭典時，絕對不能唱誦祭歌。不管哪一個說法成立，儀式與禁忌都不能僭越，以免招來厄運。

苗栗縣南庄鄉向天湖是賽夏族最大的聚落所在，也是舉辦矮靈祭的地點，其中鵝公髻山則是賽夏族傳說中矮黑人當年居住的崖洞，也是族裡的禁地。在矮靈祭祭場會以茅草蓋成靈屋，裡面雖然沒有神像與神位，但仍被視為儀式中最重要的禁區，只有主祭者才能進出，外人自然也無法進入，其中尤以孕婦更是絕對不能接近，否則對腹中的胎兒極為不利。很多外人覺得這是什麼年代了，對這樣的限制嗤之以鼻，不過這是賽夏族百年來流傳下來的文化，尊重是參與者的最佳心態，否則就不要參加矮靈祭。

看門道

族人在矮靈祭中除了會穿著傳統服裝以示慎重外，最引人注意的就是繫在腰際的臀鈴了。這是祭典中特有且最主要的道具，因為在舉行祭典的晚上，除了臀鈴的伴奏外，就沒有其他的音樂了，儘管如此，臀鈴的樂音聽起來仍是令人感到震撼。傳統的臀鈴是以麻編成網袋，上面縫製布料及琉璃珠，下襬以竹管

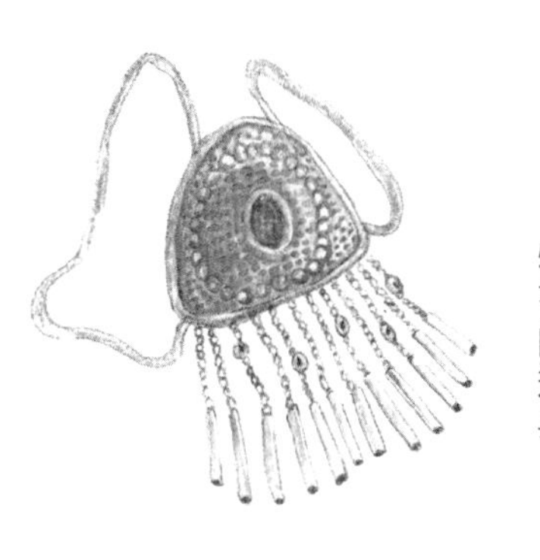

臀鈴：矮靈祭中特有的道具

與薏仁果實串成，每當隨著節奏擺動臂部時，便會發出聲響，有辟邪的作用，在現代也有用金屬管來代替竹管。

另一個特色是肩旗，看起來像一面大扇子的肩旗，上面寫著自己的姓氏，再貼滿金銀色紙剪成的日月星辰圖案與亮片，通常上頭還有一面鏡子，代表太陽升起的東方。在日據時代肩旗是戴在頭頂上的，現在改良成扛在肩上的方式，這樣對於肩負肩旗的年輕族人來說，舞姿更容易伸展。

矮靈祭有驅邪避凶的意涵，祭典中最重要的辟邪物就是芒草。家家戶戶的器具以及參與人員，都要綁上芒草結，芒草像是一把利刃，能保護自己與家人百毒不侵、惡靈不近身。外人來到部落當然也要入境隨俗，芒草都是免費提供的，據說相機若不綁上芒草，拍出來的照片不是過曝就是失焦，足以讓你見識到祭典的神祕力量，這是很難用現代科學來加以解釋的。

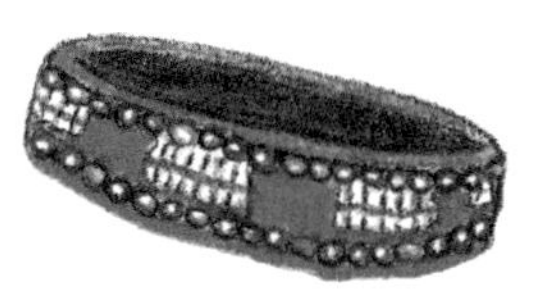
女生頭飾

肩旗：族群的象徵

賽夏族全年慶典

時間	名稱
2月	播種祭
3月	祈雨祭
6月	收割祭
西元雙數年11月	矮靈祭
12月	入倉祭
12月	開倉祭
12月	祖靈祭

太魯閣族
音樂祭

我們大家歡樂共舞
如此美麗的山稜
回憶起我的聚落
青青的山林，伴著那小溪
春風微微吹，花草起波浪
可愛的鳥兒，愉快的歌唱
響起了優美的音韻
嘿呦　嘿呦
鄉村已滋潤我心房　美麗的景色，高山芳草年年綠
令人難忘的太魯閣——太魯閣之戀

過去人類學家把泰雅族分為泰雅亞族和賽德克亞族，其中賽德克亞族又分為德魯閣群（Truku）、道澤群（Teuda）和德奇塔雅群（Tkdaya）三個群。大約三百多年前，住在中央山脈西側，也就是今日南投縣仁愛鄉的太魯閣群族人，因為人口的增加與耕地、獵場的需求日增，於是翻越中央山脈，來到今日的花蓮縣秀林鄉與萬榮鄉另尋新天地。

當時太魯閣群族人共有九十七個部落，分別散居在立霧溪及木瓜溪沿岸的河階地，他們居住的地方因此被稱為太魯閣。經過幾百年的繁衍生根，再加上東部環境與氣候也與西部不同，使得他們與當初移出地的語言、文化差異日漸明顯，而成為另一個特殊的族群，於是在西元二〇〇四年正式正名為太魯閣族。

魏德聖導演所拍的《賽德克．巴萊》一片，引起大家對原住民抗日歷史的重視，其實在二十世紀的台灣，原住民與日本人最大的衝突是發生在太魯閣族身上。早在西元一八九六年，日軍進駐花蓮港時，因軍紀不嚴，一名士兵凌辱了太魯閣族少女，於是族人便策畫襲擊新城憲兵隊，此次的「新城事件」是族人第一次的抗日事件。殖民時代早期，日本人採懷柔安撫政策，但始終不得成效，甚至後來又發生了「威里事件」，許多日本官員及警察在這次事件中被殺，使得實行已久的撫蕃政策改為討伐行動。大正三年（西元一九一四年），在第五任台灣

總督佐久間左馬太的率領下，採五路攻擊進行「太魯閣討伐」戰爭，這是台灣在二十世紀規模最大的戰爭。當時族人僅有二千多名壯丁，也只能使用傳統武器與二萬餘日軍的新式武器及大砲、毒氣對抗，在激戰兩個多月後終於不敵而落敗。

太魯閣族保有驍勇堅韌的高山民族性格，只是在日據時代就被日本人從山上部落大量遷村下山，以方便集中管理，也使得很多祭典與原本的土地脫節，造成傳統喪失。

祭典的由來與相關傳說

太魯閣族的許多祭典和泰雅族十分類似，由於同樣是泛靈信仰，不論是播種、狩獵、織布等工作，都會有各種祭神的儀式，像是「播種祭」、「收穫祭」、「獵首祭」等等，不過現在要看到完整的儀式比較不容易，因為早年日本統治時的遷村方式是將部落裡的親屬關係打散，例如弟弟遷到甲村，哥哥遷到乙村，彼此之間在無法連繫的情況下，造成許多祭典習俗的斷層與流失。

太魯閣地區百分之九十以上屬於山區，太魯閣國家公園也在此設立，國家公園管理處為了保存及推廣太魯閣族群文化，從民國九十四年起至今，每年都在周

休二日不定期舉辦多場「部落音樂會」，有時一年甚至可達二十場，演出地點就在遊客中心旁的台地廣場，這裡也是過去「得卡倫部落」的所在地，十分具有象徵意義。

「部落音樂會」就好像一場場豐富的音樂祭，會中邀請太魯閣族中具有表演水準的個人與團體共同演出太魯閣族傳統歌舞，像是葛都桑音樂工作室、同禮部落、姬望紀念教會、山廣教會、米撒格路艾及富世國小都會共同參與太魯閣族歌謠、傳統舞蹈和傳統樂器的演奏演出。

除了音樂歌舞表演外，通常也會同時舉辦「創意文化市集活動」，結合部落工坊及社區發展協會，展出工藝、風味餐等，像是皮雕、山刀製作、傳統編織，讓大家能夠進一步了解太魯閣族文化。

看門道

太魯閣族的樂器和他們的生活一樣單純，音樂會中必定會出現的兩種傳統樂器就是口簧琴與木琴。其實在台灣原住民中除了達悟族沒有口簧琴外，這種樂器幾乎普遍出現在每一族，它是以桂竹片為主要製作材料製成的口琴，做法簡單、

攜帶方便，不過想要吹出樂音也得有些技巧。只是現今還經常使用口簧琴的原住民族大概只剩泰雅族和太魯閣族了。

其實口簧琴在部落裡最大的功用是用來追求心儀女子，也就是拿來談情說愛用的。不擅言詞的男子，對山豬手到擒來，但對喜歡的女性卻是束手無策，口簧琴就成了最佳的傳情工具。口簧琴是以手拉扯麻繩的方式，使簧片與口腔產生共振，吹奏出魔幻虛無的樂音。自然界中，動物在尋求伴侶時也會發出一些只有對方才能聽見的頻率，口簧琴訴說的情衷，對於沉浸在戀愛中的男女來說，當然都聽得懂。除了追女朋友時使用，口簧琴亦可自娛，或是與親朋好友齊聚一堂時合奏，藉著口簧琴的樂音來思念已故親人。演奏時因為嘴巴必須一直張開，所以會容易流口水，因此曲調通常不會太長。

另一項傳統樂器是木琴，但不是所有的木頭都適合做成木琴，而是必須選擇材質輕且能敲出清脆聲響的木材，通常是使用油桐和山鹽青。木材在製作前還得先陰乾三至六個月，一組木琴只有四條木棍及二支敲擊的小木棒，再視其長短粗細的不同，調出不同的音域。木琴和口簧琴一樣，都只有Re、Mi、So、La四個音階，可以獨奏亦能合奏，若與周遭高山、峽谷、河流作搭配，聽來更是別有一番風格。太魯閣族人常用木琴的聲音來召喚親朋好友一起共享美食，歡慶的場合

包括結婚、慶典都會演奏木琴來助興。

傳統歌謠都是藉由祖先世代口傳的方法留下來的，透過演唱更能感受到太魯閣族自然不造作的民族風格。太魯閣族的傳統歌謠大多由一個人自編自唱，鮮少以輪唱或合唱的方式呈現。我第一次聽太魯閣族人唱歌的時候，只有人聲，而不用其他的樂器來搭配或是「掩飾」，歌聲渾然天成，聽起來真是令人起雞皮疙瘩，所謂的天籟大概就是這樣了吧！英國出了位蘇珊大嬸，紅遍全世界，但這裡更有許多貌不驚人的太魯閣版蘇珊大嬸，我想這應該是他們心裡依舊與山林為伍，藉由學習大自然中的聲音，便能耳濡目染唱出優美歌曲，有機會大家真應該來聽聽。

幸福旅宿：太魯閣山月村

若覺得光聽音樂祭還不夠，想更進一步了解太魯閣族，那麼推薦大家入住「山月村」，這間位在太魯閣布洛灣，只有三十二間房間的旅館，真的很難用一般的標準來評斷它。論規模，它比不上大型度假飯

店，但卻擁有坐擁山谷圍繞，綠意盎然的難得清靜；論設施，這裡沒有游泳池、三溫暖、健身房，但有的是離開後滿心洋溢的幸福感。也難怪在觀光局十大幸福旅宿的票選活動中，能打敗許多制式規格的星級飯店，入選奪魁。

這是一家全部以太魯閣族為主體的旅館，包括美食、住宿、故事、擺飾，更重要的是員工全部聘用太魯閣族人。這裡沒有總經理，「村長」鄭明岡說：布洛灣原本就是太魯閣族居住的地方，部落的工作機會不多，許多年輕人必須到城市做高危險性的粗重工作，導致的隔代教養問題更是嚴重。他只是希望族人能在自己的祖居地工作，不用離鄉背井。

每天晚上八點開始的太魯閣族表演，不管住客有多少，準時上演，這已經成為山月村的特色，以及最感動人心的一項元素。說老實話，這是我走遍世界各國，看過的許多表演中，不管燈光、服裝、演出人員

木琴：使用油桐或山鹽青製成，聲音清脆響亮

都是最不專業的，但我去山月村不下數十次，每次最引領期待的還是這場表演。到底是怎樣的魔力如此吸引人呢？應該就是村長的用心吧！

只要當天晚上住房超過十五間，由員工眷屬所組成的舞團就會上台表演，儘管需要上台表演，村長還是會要求舞團小朋友在行為、課業上要有好的表現。而住客觀賞山月村迎賓晚會所給予舞團小朋友的小費，其中一半也會捐入原住民關懷基金，只要太魯閣地區的原住民朋友發生緊急危難，就會運用基金提供適時的經濟援助。

若當晚住房不滿十五間，旅館員工還是會上台表演，展現出來的誠意絲毫不打折扣。但有誰懷疑旅館員工的表演水準嗎？曾經獲得金曲獎最佳原住民語歌手獎，現在在全世界演出宣揚原住民歌聲之美的伊祭達道，原本就是在山月村當廚房師傅。別忘了，這裡可是有很多「蘇珊大嬸」呢！

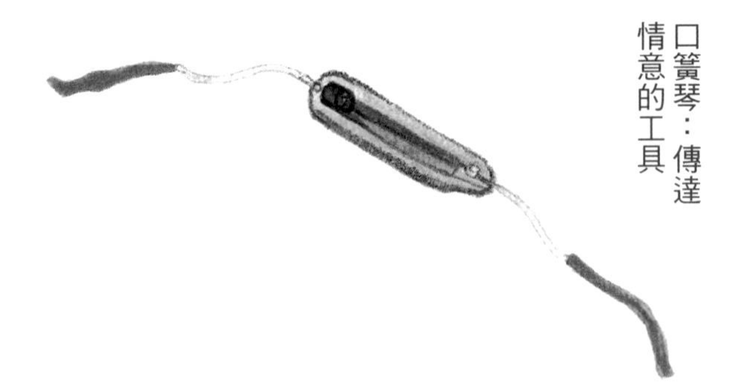
口簧琴：傳達情意的工具

村長也鼓勵族人雕刻創作，山月村裡裡外外的粗獷木雕作品都是族人的傑作；他還讓旅館收購部落種的地瓜，當作住客健康無毒的早餐，可說是為了部落的發展盡心盡力。在這裡你不僅無時無刻都能感受到太魯閣族的氣息，更重要的是也能感受到一份善意的流轉，讓族人們從工作與表演中找到了自信。

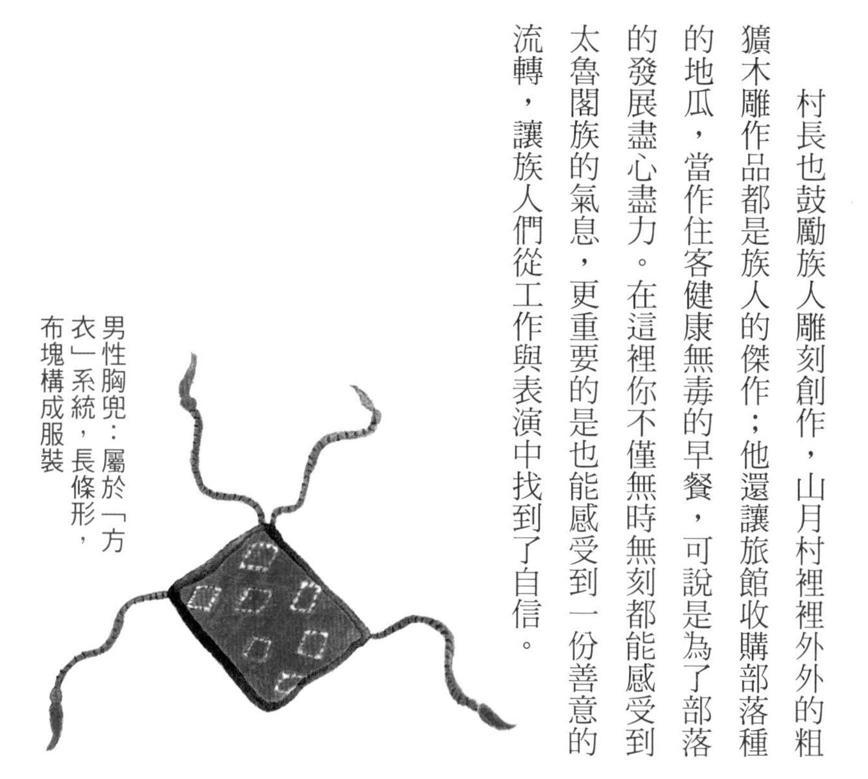

男性胸兜：屬於「方衣」系統，長條形，布塊構成服裝

太魯閣族全年慶典

時間	名稱
每年10月	感恩祭
不定期（視管理處的時間安排）	音樂祭

卑南族

猴祭

要打獵又要採刺藤，
要打獵又要挨罵，
長者打獵就只愛喝酒。——猴祭少年的抱怨

談到卑南族，便會聯想到許多台灣知名歌手：歌聲流露出世故與滄桑的巴奈；聲音令人如沐春風的民歌推手胡德夫；嗓音高亢動感的張惠妹；曲風慵懶閒適的陳建年；還有音質渾厚的紀曉君，這些有著不同曲風的歌手都有個共同點，他們的歌聲都具有穿透力，並能撫慰人心，同時也展現出卑南族人擅長歌唱的特質。

而卑南族也是各個原住民族當中，族人擔任公教人員比例最高的族群之一，這與他們漢化較早且重視教育有很大的關係。在歷史上，卑南族曾經協助清朝平定朱一貴之亂，因此被清朝冊封為卑南大王，鄰近的阿美族與排灣族都要對其納貢，這是卑南族的全盛時期。而卑南族人口至今也才一萬人左右，「小國寡民」的卑南族能夠在人口眾多的阿美族與排灣族中脫穎而出，著實不容易，這當然有其生存之道。

清朝末年到日治初期，整個卑南族已經大致形成八個部落，分別為今日的知本、建和、利家、泰安、阿里排、初鹿、南王與下檳榔等八社，故卑南族又稱「八社蕃」。傳說中，卑南族的祖先是來自南方的島嶼，而都蘭山是卑南族南王部落的祖先最早登陸和居住的地方，所以都蘭山被卑南族人視為聖山。卑南族族名用族語發音是「普悠瑪」（puyuma），指的就是今日的南王部落，這是由於南王部落較強大，因此日據時代就以此名稱統稱族名，而南王部落之所以以普悠瑪做為名稱，是因為卑南古語「punuyuma」有著集中、團結的意義。

卑南族面對的時代衝擊不少於其他族群，清朝與日本人的統治，再加上天主教的入侵，一個也沒少，但是這樣的小族群是最能夠吸收外來文化，使他們不至於落伍被時代淘汰。雖然有人說卑南族人懦弱、背叛、太容易妥協，因為以前的族人在面臨這種巨大轉變時，選擇的路不是對抗與逃離，而是接受與融入。現在我們因為清楚知道歷史發展的軌跡，所以可以事後諸葛的對當時的決定做出批評，不過若是我們身處在當時可能滅族的巨大壓力下，同樣會不知道族群該何去何從，任誰來做決定都是非常困難的一件事。

因為必須在外來文化的夾縫中求生存，所幸卑南族有其特有的會所管理體系，幫助他們在強敵環伺中依舊堅強。古代希臘城邦中的「斯巴達」以嚴厲的軍事訓練著名，而卑南族就像台灣原住民族中的斯巴達，族裡男性從小就必須接受殘酷的戰鬥訓練，他們人口雖然少，卻驍勇善戰，能以一擋百，因此也造就了以少數民族統治多數民族的奇蹟故事。

卑南族是母系社會，財產繼承由母親傳給長女，雖然女性在財產與家族事務上有決定權，但會所制度讓男子能掌握部落的政治權力，在公共事務上能夠有支配權，也因此建立起卑南族在男女角色上的分工合作。

祭典的由來與相關傳說

卑南族能屹立不搖，大部分要歸功於會所制度。巴拉冠（Palakuan）是卑南族男子集會及集體生活的會所，通常是一座竹造建築和一塊廣場，它也是部落政治、軍事與祈祀中心。

卑南族男孩在十二、三歲時就必須離開父母身邊，向少年會所達古凡（Dakuvan）報到，就像是漢人當兵入伍一樣，開始過著嚴厲的軍事生活。這種「會所訓練」絕對不是花拳繡腿的戰鬥營，在經歷種種訓練與考驗後，二十歲時就準備晉級到萬沙浪（bangsaran）階段，正式進入「成年會所」。萬沙浪就是「成年勇士」之意，還記得以前有位歌手就叫萬沙浪，唱紅了「愛你一萬年」、「風從哪裡來」等膾炙人口的歌曲，他也是卑南族人，用這樣的含意當作藝名也算是意寓深遠。

青少年們在階級管理以及老人家的指導、要求下，要學習各種內在精神與意志的鍛鍊，也要增強體能及了解各種狩獵、耕作、建築等生活技藝，更要熟悉各項戰鬥技術，以藉此訓練出一個懂禮節、肯服從、有膽識、能謙卑、會忍耐、允文允武的卑南族真男子。

設置達古凡和巴拉冠的最初意圖已經很難確定，不過從前面的描述大致可以知道，卑南族從這兩個地方延伸發展出族裡男子的成年禮體制，這也是卑南族男子社會化最重要的歷程，這裡同時也是猴祭與大獵祭儀式進行的重要空間。猴祭是卑南族的少年祭典，是少年會所裡的老大哥晉升成為萬沙浪的重要儀式，每年大約是在十二月下旬舉行，與成人的大獵祭緊連在一起，共稱年祭。

以前部落間常發生衝突，猴祭就是為了培養部落年輕人尚武的精神，便以猴子為假想敵，訓練少年抓猴而演變成的祭典。而隨後登場的「大獵祭」主要是為了感謝敵人奉獻生命以祭祀神明，如今則轉變成為對部落長老的敬禮。

祭典過程與禁忌

猴祭雖然在十二月下旬才舉辦，但以前猴祭的準備工作通常在六月底稻子收割後便已然展開。首先，在這時伴隨會所的開訓，少年們要修葺會所，進行建材物料的更新，但是現在會所的功能已經被學校所取代，所以維修時間就移到猴祭開始之前，會所成員須全體總動員一起進行維修。猴祭期間，青少年就集體生活在用木頭、竹子和茅草搭蓋起的高架達古凡裡，女性絕對不能靠近。

接著要由祭師帶領少年祭拜神明與祖靈，再用糯米糕問卜，如果半弧形糯米糕丟上會所而且面朝上，表示獵猴順利，否則就要更加倍努力。祭師們會在部落四個角落祭禱祖靈並驅除邪靈，同時也在部落入口處設立以長竹和野藤搭建成的守護拱門，以防止邪靈進入部落。

刺猴用的祭壇設立好之後，晚上就進行膽識訓練，訓練的內容是要求成員至墓地取物以訓練膽量。少年會所的高年級生則會帶領低年級生持乾香蕉葉逐門逐戶進行驅邪儀式，儀式結束後會進行激烈的角力賽，目的當然還是訓練其高昂的鬥志，並經由少年們互相纏扭的動作來象徵明年作物結實纍纍的景象。

猴祭當天，少年們都要盛裝出席，依序進行為喪家除喪、刺猴、悼亡猴、棄猴等流程。儀式結束後，少年們會站在會所的平台上將幸運物往下丟，現在的幸運物多半是糖果，大家會在下面爭撿，祈求能帶來好運。

猴祭結束後隨即進行大獵祭，成年男子從部落出發打獵，出發前祭師會進行鳥占，以決定出獵的方向與吉凶。婦女則會贈送菸酒、糕點給出獵的親人，祝福他們在出獵過程中能順利。在山上打獵也是傳承的好時機，待男子凱旋歸來，婦女們會帶著男子的禮服、花環和美酒前去迎接，接著歡聚吟唱數日後，大獵祭才算完成。

看門道

猴祭中的少年晉升儀式非常特別，是用打屁股的方式來祝福，被打的次數則視學長人數多寡而定，若有一百個學長就要被打一百次，以往少年常會被打得屁股開花，但他們也把吃苦當作吃補，現在則只是做個形式，絕對會手下留情，否則可能會演變成霸凌事件。少年被打完之後就上到少年會所裡接受長老的祝福，並在會所外高聲自我介紹，接著參加刺猴儀式，整個成長典禮到此才算完成。

這個儀式之所以被稱為「猴祭」，是因為以猴子為假想敵來象徵一名成年勇士的養成，在以前少年們甚至必須要自己餵養猴子，與猴子朝夕相處難免產生

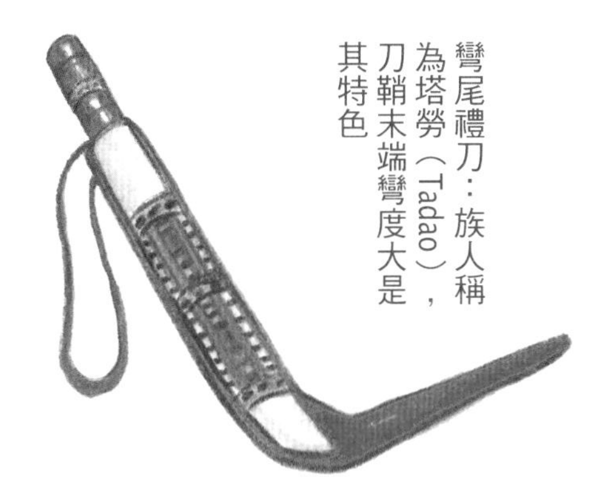

彎尾禮刀：族人稱為塔勞（Tadao），刀鞘末端彎度大是其特色

感情，但等到猴祭刺猴時，卻依舊要毫不考慮的將猴子刺死。也許在我們看來這樣的行為實在泯滅人性，但也必須經由這樣的訓練，才能讓少年知道如何保衛自己的家園，畢竟在戰場上對敵人慷慨就是對自己殘忍。如今隨著時代變遷，長達半年的繁複儀式縮減為半天的簡要儀式，活生生的猴子也因保育觀念而以稻草編紮取代。

花環在卑南族服飾上占有重要地位，卑南族人戴花環有形制上的一致性及代表男子成年的意義，這是其他族群所沒有的。花環佩戴不分男女，但未成年的男孩只能佩戴蕨類編成的草環，等到通過成年禮之後才能戴上花環；而當成年男子在大獵祭凱旋而歸時，年輕人頭上所佩戴的花環代表家人們對他的迎接與慰勞，這當中蘊藏著極豐富的文化內涵。可以用來編花圈、花環或插花的材料很多，族人會依照不同季節取用不同種類的花，諸如萬壽菊、紅蝴蝶、長春花、龍

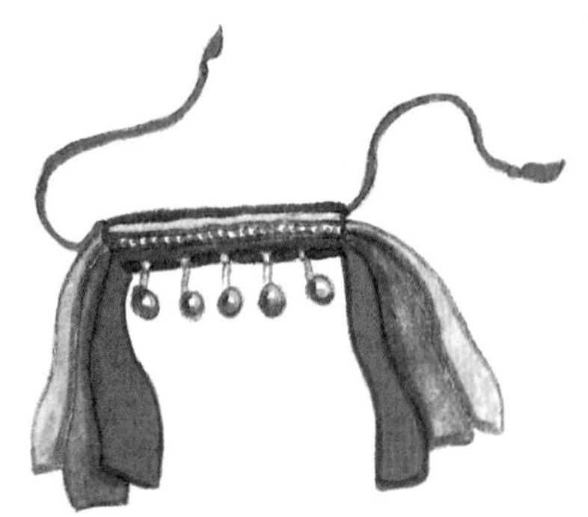

銅錐腰飾：16歲的卑南少年衣著配件，走動或舞蹈時會發出聲響

船花等，或是野生的台灣百合、山櫻花、杜鵑花、鵝掌藤的花等都可以當作材料。

節慶活動時，婦女會為自己的家人或是來訪的外賓編戴一串鮮花頭飾，若見男子頭上戴有層疊的花環，那麼就表示他在部落中是備受愛戴或尊敬的長者。

男性帽飾

卑南族全年慶典

時間	名稱
每年12月第三個周休二日	猴祭
每年12月29日至1月1日，緊接猴祭舉辦	狩獵祭
每年元旦	聯合豐年祭
每年4月3日	發祥地祭祖活動
每年4月	除草祭
每年7月	海祭
每年7月11日到17日	小米收穫祭

噶瑪蘭族

歲末祭祖Palilin

我們kavalan人現在要過年了
現在過年了，
你們都要回來參加我們的Palilin，
孫子們也都在，
大家一起吃吧！

噶瑪蘭族首見於歷史的記載是在西元一六三二年，當時占據淡水一帶的西班牙人有一艘商船在航行途中被颶風打亂航線漂流至「蛤仔難」平原，蛤仔難也就是噶瑪蘭的譯音。不過，對於噶瑪蘭有更明確的記載，是在一六五〇年時荷蘭人所記錄當時該地三十九社的人口資料，距今約三百四十餘年前。在過去噶瑪蘭族（Kavalan）被大部分的學者歸類為平埔族的一支，經過族人不斷的爭取與努力，終於在西元二〇〇二年被台灣官方認定為第十一個原住民族。

因為雪山及中央山脈的阻隔，使得噶瑪蘭族免於外界侵擾，在西元一七九六年吳沙進入蘭陽平原開墾之前，噶瑪蘭族一直是蘭陽平原上主要的活動族群，全盛時期分布於蘭陽溪北、溪南共有三十六至四十餘社，清代文獻多以「蛤仔難三十六社」稱呼當時遍布在蘭陽平原上的噶瑪蘭村社。也因此「噶瑪蘭」這三個字不僅是宜蘭的古名，也成為今日宜蘭的代表。今天以噶瑪蘭為名的，包括客運公司、威士忌酒等，都是欲藉由名稱來強調在地性。

漢人勢力進入蘭陽平原後，噶瑪蘭族人抵不過漢人利用各種巧取豪奪的方法侵占土地，包括欺負族人不識字，在地契上動手腳；利用夜色掩護移動界石；甚至丟死貓死狗在田地裡，族人因忌諱只好另尋土地。噶瑪蘭族祖傳的土地因此不斷流失，族人迫於環境及生活壓力，陸續遷移至花蓮和台東地區。時至今日，真正居住在蘭陽平原上的噶瑪蘭族人已經很少了，目前他們散居各處，沒有比較大的聚落，漢化也較深，許多昔日傳統的生活禮俗都已經失傳，反而是遷居花蓮的噶瑪蘭族人保留較多的習俗，成為噶瑪蘭族文化維繫的最後灘頭堡。

位在花蓮縣豐濱鄉新社村的噶瑪蘭聚落，是現在噶瑪蘭族人較集中的地區。新社部落也是使用噶瑪蘭族語言人數最多的地方，是昔日帶領全台噶瑪蘭族人參與復名與文化復興運動的領導中心。

噶瑪蘭族人的傳統生產方式是游耕的旱田農作、狩獵和捕魚等，產量不大，都是屬於自給自足式的採集經濟，一切取之於大自然。耕種的作物包括小米、玉米、地瓜、芋頭及旱稻等。噶瑪蘭族人喜歡濱水而居，會在地勢低平、溪流縱橫密布的曠野以鏢鎗、弓矢狩獵及從事漁撈，並會自己釀酒、製鹽。

在噶瑪蘭族語裡，「Kavalan」是「生活在平原的人類」的意思，主要是該族人用來區別當時居住於山區的泰雅族而來的稱謂。俗語說：「靠山吃山，靠海吃海」，蘭陽平原緊鄰海洋的地理位置也造就了噶瑪蘭族特殊的海洋飲食習慣，這樣的習慣就算經過不斷的輾轉遷移歷經數代，也依舊沒有什麼改變。

雖然海洋就像是噶瑪蘭族人的大冰箱，不過他們也不是來者不拒什麼都吃的。關於噶瑪蘭族的起源，有個有趣的傳說：噶瑪蘭族人的祖先是一對從南洋群島漂洋過海來的男女，他們乘坐的竹筏在海上遇到颱風翻覆後，很幸運的被一條鯨魚以浮出水面的背脊搭救起來，鯨魚將他們送到宜蘭外海時再用大尾巴一掃，把二人平安的掃上蘭陽平原，他們便在此定居並且枝開葉茂，子孫不斷繁衍。由於這樣的傳說，使得老一輩的噶瑪蘭族人即使很喜歡吃魚鮮，也不會吃鯨魚肉，就是因為鯨魚對其族群有恩之故。

噶瑪蘭族人來自海上，當然也跟海結下不解之緣。他們在《噶瑪蘭母語讀本》裡教導下一代：「大海裡面有魚可以鏢，有海菜可以撿，田邊、山上有野菜可以吃。魚肉和豬肝我們喜歡生吃；野菜要先用鹽醃好再揉一揉，可以趁新鮮吃而且特別好吃。」從書中的描述可以看出噶瑪蘭族人的飲食方式，而且食物來源不只局限在海中，山中的野菜也是食物來源之一。

其實這樣的飲食習慣早在文獻中便可見到，清朝巡台御史黃叔璥所著的《臺海使槎錄》一書中就曾經描述噶瑪蘭族人偏好生食：「所食者生蟹、烏魚，略加以鹽，活嚼生吞，相對驩甚」。今日噶瑪蘭族除了以稻米為主食外，因為瀕臨海洋的原因，各式漁產取之不盡，所以像是醃鹹魚、海膽、海參以及各類海菜、海螺都是族人家居和宴客常見的菜餚。此外，族人非常喜歡吃野菜，可採集到的山菜及海菜多達八十多種，所以野菜料理也多不勝數，其中「青苔拌鹽」就是噶瑪蘭族獨有的料理。

祭典的由來與相關傳說

由食物所衍生出來的文化來認識一個族群，絕對是最好的方式，因為民以食為天，族群為了填飽肚子，絕對會有一套適應當地氣候、物產的生存之道。噶瑪蘭族人說：「海是我們的朋友，海有我們可以吃的食物，海有我們的故事，海邊是我們生長的地方。」噶瑪蘭族在用餐時也有長幼有序的觀念，一定是由老人家先吃，而在以往物資不充裕的年代，穀倉一定最靠近老人家的房間，掌管家務金錢的不是婆婆就是媳婦，透過這些可以讓我們更進一步了解噶瑪蘭族人尊重大自然、尊敬長輩及其母系社會的特色。

噶瑪蘭族人相信在世間的禍福是由祖先賜與和決定的，來自於泛靈思想影響所及，使得他們對祖先既敬且畏，隨時都不敢忘記祖先的存在，因此十分虔誠供奉、祭拜祖靈，尤其逢年過節時，堅信祖先會回到家中與家人團聚。祭祀家中祖先對噶瑪蘭族人來講相當重要，儀式的過程被稱為新年祭祖（Palilin），通常以家戶為單位舉行，採行比較私密的祭拜而非全族的公開儀式，因此外人也不容易觀察，而祭祀對象則以家中戶長（有男有女）死去的父方、母方親戚為主。

Palilin的意義在於敬祖、祭祖並祈求平安，過年全家團圓之際，噶瑪蘭族人視同祖先們依然活著，會款待祖先喝酒與共餐，若是子孫忘記Palilin，祖靈可能就會懲罰不肖子孫，讓他們倒楣一年生活不順遂。慎終追遠的觀念漢人也有，只不過隨著生活忙碌、科學昌明，現代人對於祖先似乎是有需要時才會想到，而非發自內心的懷念。

祭典過程與禁忌

進行Palilin時不能抱著玩笑的心態，這樣對祖先非常不敬。如果家裡有人過世，在半年內也不能進行Palilin，只能以酒倒在地上簡單的祭拜。Palilin是在農曆十二月底進行，如果農曆十二月是小月，就在二十七、二十八日兩天中擇期一天舉行；如果是大月，那就二十八、二十九兩天擇一日，不能在十二月底的最後一天舉行，因為十二月底的最後一天是全家團聚的日子，不舉行Palilin。而儀式通常是在晚上十一、十二點之後，公雞啼叫之前進行，因為雞鳴之後，祖先的靈魂就會回去了。

Palilin時要準備酒、維士比、甜糕，且由家裡的女主人主祭，但不嚴格要求家人一定要參加，想要來的就可以來，不想來的也不強迫，只要由家中長輩做代表即可。

看門道

許多人對於噶瑪蘭族是否能稱得上是台灣的原住民族抱持懷疑態度，因為大量的漢化，噶瑪蘭族的血統早就混雜了，Palilin也極為像似漢人的祭拜祖先。因此族人的認同多半是從族群自我認知來做為判斷標準，但是這往往又會有謬誤與執念。

因此，最能展現噶瑪蘭族特色的，要算是利用香蕉絲做成的織品，但並非所有的香蕉品種都能拿來做織品，被噶瑪蘭族拿來做為編織材料的是一種纖維較強韌的「牙蕉」。每個族群都有屬於自己的特殊民俗植物，不論在飲食或生活上都有極大用處。相較於泰

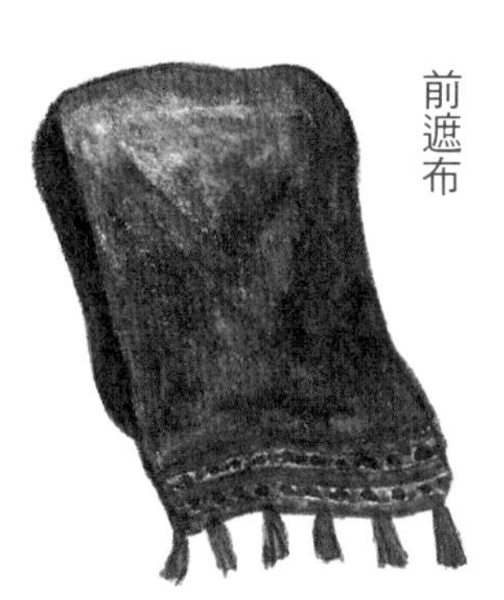
前遮布

雅族部落邊緣隨處可見的桂竹林，噶瑪蘭族的代表作物就是香蕉了，香蕉樹對於噶瑪蘭族人來說全株都是寶，成熟的香蕉成為食物自然不在話下；樹葉可以拿來包裹食物；莖幹經過處理後可以編織衣物和日常生活用品，噶瑪蘭族著名的香蕉絲衣，就是用香蕉的莖幹切薄晒乾後的纖維所編織而成；甚至莖幹最內層的香蕉心也能當作食物。

噶瑪蘭族人特殊的香蕉衣製作方式是先將香蕉樹皮一層一層地剝下，再撕成十公分左右的寬度，然後以刀片刮除肉質，只留下薄薄的表皮，因此刮除肉質時必須非常小心，因為有澱粉殘留的話會容易造成香蕉衣的腐爛。處理好的樹皮先放在陰涼處晾乾，一直到完全乾燥後再剝成細細的線，香蕉纖維做成的衣服沒有花紋，通常用來縫製成長袖滾黑邊方衣，夏天穿起來非常舒適，這也是族群辨識的亮點。

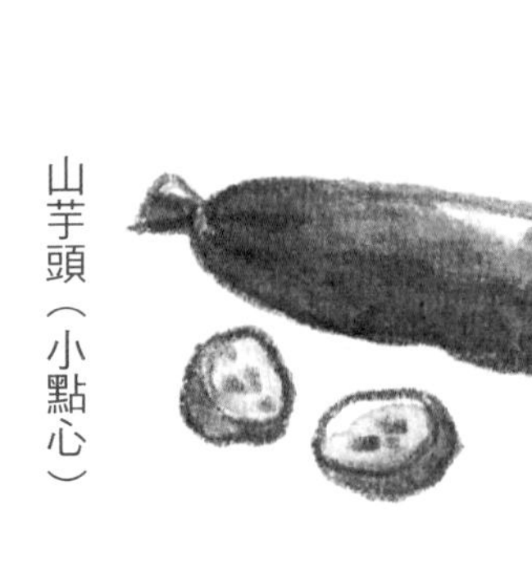
山芋頭（小點心）

情人袋

阿里蓬蓬

噶瑪蘭族全年慶典

時間	名稱
2～3月	海祭
農曆12月27日至29日	歲末祭祖Palilin

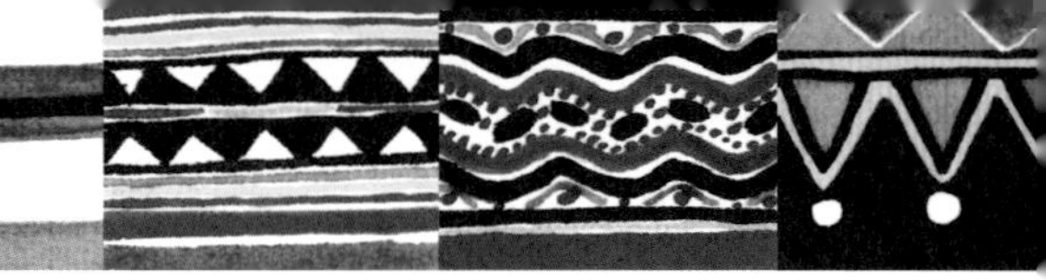

六月	五月	四月	三月	二月	一月	各族慶典時間表
				戰祭 ＊達邦、特富野個別舉行	播種祭	鄒族
			小米播種祭			賽德克族
			播粟祭 海祭			撒奇萊雅族
	射耳祭					布農族
		飛魚祭		迎農作物祭		達悟族
						泰雅族
捕魚祭 ＊多於6、7月收割季來臨前舉行	海祭					阿美族
		買沙呼魯祭				魯凱族
		播種祭 ＊每年農曆3月1日				邵族
		毛蟹祭				排灣族
收割祭			祈雨祭	播種祭		賽夏族
						太魯閣族
海祭 小米收穫祭 ＊每年7月11日到17日			除草祭 發祥地祭祖活動 ＊每年4月3日		聯合豐年祭	卑南族
				海祭	歲末祭祖 Palilin ＊農曆12月27日至29日	噶瑪蘭族

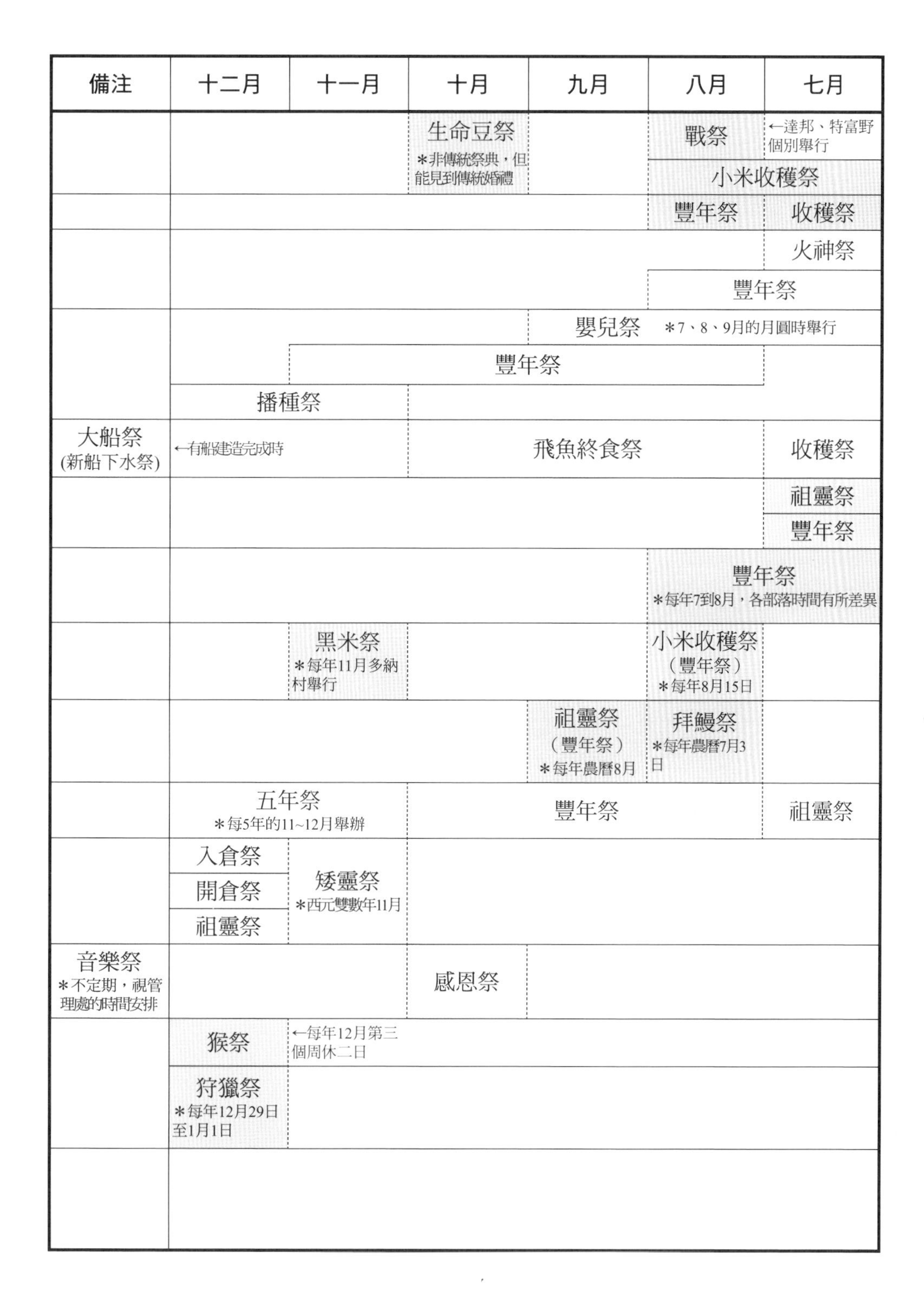

備注	十二月	十一月	十月	九月	八月	七月
			生命豆祭 *非傳統祭典，但能見到傳統婚禮		戰祭	←達邦、特富野個別舉行
					小米收穫祭	
					豐年祭	收穫祭
						火神祭
					豐年祭	
				嬰兒祭	*7、8、9月的月圓時舉行	
		豐年祭				
	播種祭					
大船祭 (新船下水祭)	←有船建造完成時		飛魚終食祭			收穫祭
						祖靈祭
						豐年祭
					豐年祭 *每年7到8月，各部落時間有所差異	
		黑米祭 *每年11月多納村舉行			小米收穫祭 （豐年祭） *每年8月15日	
				祖靈祭 （豐年祭） *每年農曆8月	拜鰻祭 *每年農曆7月3日	
	五年祭 *每5年的11~12月舉辦		豐年祭			祖靈祭
	入倉祭	矮靈祭 *西元雙數年11月				
	開倉祭					
	祖靈祭					
音樂祭 *不定期，視管理處的時間安排			感恩祭			
	猴祭	←每年12月第三個周休二日				
	狩獵祭 *每年12月29日至1月1日					

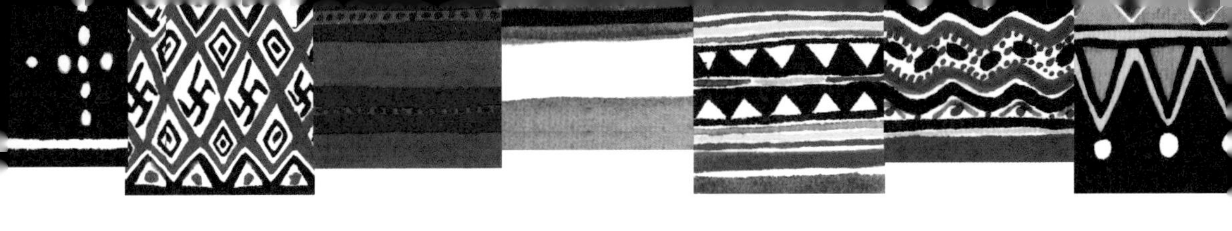

《Ho Haiyan! 跟著原住民瘋慶典》

作　　者　馬繼康（文字）、蔣依芳（插畫）
企畫選書／責任編輯　陳妍妏
協力編輯　蔡怡君
專業校對　魏秋綢
封面設計／美術設計　劉曜徵
總 編 輯　謝宜英
社　　長　陳穎青
出 版 者　貓頭鷹出版
發 行 人　涂玉雲
發　　行　英屬蓋曼群島商家庭傳媒股份有限公司城邦分公司
104台北市民生東路二段141號2樓
劃撥帳號：19863813；戶名：書虫股份有限公司
城邦讀書花園：www.cite.com.tw購書服務信箱：service@readingclub.com.tw
購書服務專線：02-25007718~9（週一至週五上午09:30-12:00；下午13:30-17:00）
24小時傳真專線：02-25001990；25001991
香港發行所　城邦（香港）出版集團／電話：852-25086231／傳真：852-25789337
馬新發行所　城邦（馬新）出版集團／電話：603-90563833／傳真：603-90562833
印 製 廠　五洲彩色製版印刷股份有限公司
初　　版　2012年01月
定　　價　新台幣299元／港幣100元
ISBN　978-986-262-061-8

讀者意見信箱　owl@cph.com.tw
貓頭鷹知識網　www.owls.tw
歡迎上網訂購；大量團購請洽專線(02)2500-7696轉2729

國家圖書館出版品預行編目(CIP)資料

Ho Haiyan！跟著原住民瘋慶典 / 馬繼康文字；蔣依芳插畫. -- 初版. -- 臺北市：貓頭鷹出版：家庭傳媒城邦分公司發行, 2012.01

面；　公分

ISBN 978-986-262-061-8(平裝)

1.臺灣原住民 2.民族節日 3.民俗活動

536.33/7　　　　100024351